HAT DAS STIL?

Henriette Kuhrt

Hat das Stil?

Ein Ratgeber für das
Leben von heute

MIDAS

HAT DAS STIL?
Ein Ratgeber für das Leben von heute

© 2019 Midas Verlag AG
ISBN 978-3-03876-147-1

Lektorat: Dr. Marietheres Wagner
Korrektorat: Petra Heubach-Erdmann
Cover: Stefan Hilden
Layout: Ulrich Borstelmann
Druck und Bindung: CPI Books

Printed in Germany

Die Deutsche Nationalbibliothek verzeichnet diese Publikation in der Deutschen Nationalbibliografie, detaillierte bibliografische Daten sind im Internet über http://dnb.de abrufbar.

Midas Verlag AG, Dunantstrasse 3, CH 8044 Zürich
Mail: kontakt@midas.ch, Website: www.midas.ch,
Social Media: @midasverlag

INHALT

Vorwort

In meinem Lieblingsrestaurant, dem Colette in München, gibt es nach dem Dessert hausgemachte Karamellbonbons, die bei mir einen spätabendlichen Zuckersahneschock auslösen, zwischen den Zähnen kleben und die der heimliche Grund dafür sind, warum ich dort so gerne hingehe. Natürlich braucht kein Mensch Karamellbonbons, nachdem er schon eine Creme brulée verzehrt hat, aber was soll's? Es sind manchmal die kleinen Genüsse, die Schönheit zum Luxus erhebt. Zu wissen, dass man etwas nicht braucht, und es darum, völlig sinnlos und zweckbefreit, umso mehr zu schätzen – L'art pour l'art gewissermaßen.

Viele Leserinnen und Leser schreiben mir, dass sie meine Kolumne beim Sonntagsfrühstück lesen, begleitet vom ersten Kaffee, manchmal ist auch von einem Gipfeli die Rede. Offenbar gibt es bei vielen Lesern der NZZ am Sonntag einen Dreiklang aus Kaffeegeruch, Croissant und dem ersten Hochfahren mit dem Stil-Bund in der Hand. Diese Vorstellung freut mich sehr, denn genau dafür sind meine Texte auch gemacht: Sie sollen den Leser wohlwollend empfangen, ich möchte, dass sie sich so gut in meiner Gedankenwelt aufgehoben fühlen, dass sie mir bis zum Ende der Seite folgen. Ich wünsche mir, dass sie über einen Witz oder eine Formulierung lachen oder dass sie einen meiner Gedanken dazu nutzen, um eigene Antworten zu finden. Wenn es mir gelungen ist, die Leserinnen und Leser mit meiner Kolumne so sehr zu erfreuen, wie mich die Karamellbonbons erfreuen, dann habe ich meinen Job richtig gemacht.

Doch nun sind meine Kolumnen zu diesem Buch geworden, und es stellt sich die Frage, ob man wirklich 200 Karamellbonbons in einem Rutsch essen sollte. Natürlich würde es mich freuen, wenn es Leserinnen und Leser gibt, die das Buch in einem einzigen Leserausch verschlingen. Doch ich bin nicht beleidigt, wenn dem nicht so ist. Vielleicht mag es »Manieren« nur im Plural geben, trotzdem ist es möglich, das Buch in Einzeletappen zu lesen: Maniere für Maniere gewissermaßen.

Nachdem die Dosierung meiner Kolumnen geklärt wurde, würde ich an dieser Stelle gerne noch ein Wort zum Thema Vorbildwirkung anbringen. Schöne Texte zu schreiben ist eine Sache, schön zu leben ist eine andere.

Neulich etwa stand ich mit meinem Mann an der Flughafenkontrolle des Hamburger Flughafens. Ich war gerade dabei, meine schwarze Balenciaga-Handtasche wieder aus dem Plastikfach zu fischen und nach meinen Schuhen zu greifen, da warf er einen Blick auf meine Strumpffüße, schüttelte den Kopf und sagte: »Man sollte ein Foto machen und es auf Twitter posten, damit deine Leser endlich wissen, mit wem sie es zu tun haben.«

Schuldbewusst blickte ich auf meine Socken – ich hatte in der morgendlichen Eile einen gestreiften und einen schwarzen Strumpf aus der Schublade gezogen, und nun stand ich dort wie ein Kindergartenkind. Hastig zog ich meine Stiefel an und griff nach meiner Handtasche – die immerhin war so wertvoll, erwachsen und stilexpertinnenadäquat, dass meine Freunde sie mir gemeinsam zu meinem 40. Geburtstag geschenkt hatten.

Mit dieser Text-Leben-Schere befinde ich mich allerdings in bester Gesellschaft. Denn wenn man an jeden Autor, an jede Autorin die Forderung stellen würde, nach genau den Werten zu leben, die sie in ihren Texten vertreten, dann wäre die Bibliothek der Welt- und Ratgeberliteratur um einige Klassiker ärmer. Karl Marx verurteilte die Geldgier der Kapitalisten und legte sein Geld in Aktien an, der übergewichtige Robert Atkins wurde zum Diät-Guru und Astrid Lindgren hatte nur deshalb genügend Zeit, ein Kinderuniversum zu schaffen, weil sie ihren eigenen Sohn zur Adoption freigab. Mein absolutes Vorbild zum Thema »Wasser predigen, Wein direkt aus der Flasche« ist allerdings der Freiherr von Knigge. Sein Werk besteht nicht aus Essensregeln und Kleiderordnungen, sondern aus Essays über das menschliche Miteinander, in denen er für gegenseitige Achtung und Wohlwollen eintrat. Knigge hatte sein Wissen auf die harte Tour erworben: Als Junker flog er von einem Adelshof, weil er als Querulant galt, 1773 musste er die Hofdame Henriette von Baumbach heiraten, nachdem er ihr einen Streich gespielt hatte. Immer wieder zerstritt er sich mit seinen Gönnern und Vorgesetzten, weil er Hierarchien und aufgesetztes Getue nicht ertragen konnte. Vermutlich würde er lachen, wenn er heute bei Amazon sehen könnte, dass es in seinem Namen zahllose Regelwerke fürs Business, für Kinder, Demente, Dummies und Softwarearchitekten gibt.

Seine klugen Texte waren das Resultat aus seinen eigenen Fehlern und den Schlüssen, die er daraus gezogen hatte – immer geleitet von dem Wunsch, den Lesern den Mist zu ersparen, den er selber durchleiden musste. Ob er heute als Promi und Vorbild eine gute Figur machen würde, bezweifle ich, doch sein Werk über den Umgang mit Menschen hat auch über 200 Jahre später nichts an seiner Gültigkeit verloren.

Der Freiherr ist der beste Beweis dafür, dass Anstandsregeln ein wenig Anarchie guttut, man darf auch Stilexperte in Teilzeit sein. Darum preise ich mein eigenes Scheitern in meine Texte einfach mit ein. Die Nachsicht, die ich meinen Lesern entgegenbringe, ist die, mit der ich mich selber davor schütze, angesichts meiner Defizite die Nerven zu verlieren. Darum sind meine Antworten, meine Ratschläge und Tipps auch eher Work in Progress und nicht in Stein gemeißelt, ich sehe sie als Serviervorschlag, nicht als Handlungsmaxime. Ist nicht jeder der wichtigste Experte für sein eigenes Leben? Darauf eine Handvoll Karamellbonbons, würde ich sagen, diese Runde geht auf mich.

Männer, Frauen und die Liebe

Frollein, Schätzchen, Kleine – die Zeit, in der Frauen sich blöd anreden lassen mussten, ist glücklicherweise endlich vorbei. Und nicht nur die Frauen, auch die Männer haben sich in den letzten fünf Jahren stark von rigiden gesellschaftlichen Normen emanzipiert: Sie sind keine Geldautomaten auf zwei Beinen mehr, sondern gefühlsstarke Väter und bemühte Ehemänner. Trotzdem ist das Verhältnis der Geschlechter angespannt, denn durch die neue sexuelle Gestaltungsfreiheit wird es schwierig, jede Person so zu behandeln, wie sie es für richtig hält. Und weil die eine Frau sich über ein Kompliment freut und die andere es als Übergriff betrachtet, müssen so schöne und ehemals simple Dinge wie Flirts und Annäherungen plötzlich völlig neu gedacht werden. Die klaren Richtlinien der Erotik, der festgelegte Paarungstanz zwischen Männern und Frauen haben ihre allgemeine Gültigkeit verloren, die vermeintlich einfache, aber unbequeme One-size-fits-all-Regelung für Flirts und Liebe, Zahlungsaufforderungen und Sex-Etikette existiert nicht mehr. Stattdessen haben wir nun offiziell drei Geschlechter, Frauen wenden sich im Alter anderen Frauen zu und an der Frage, ob der Mann die Rechnung zahlen muss, so lange es einen Gender-Pay-Gap gibt, scheiden sich die Geister. Und egal, ob die Gefühle nun unordentlich und verwirrend oder in klirrender Klarheit im Herzen herumgeistern, es ist schwieriger geworden, sie an den Mann beziehungsweise die Frau zu bringen. Facebook nennt diesen Beziehungsstatus sehr treffend »Es ist kompliziert«, doch der Preis lohnt sich: Sich frei zu entscheiden, wie man leben und lieben möchte, ist eine gesellschaftliche Errungenschaft, ein Fortschritt, ein Glücksfall der Menschheitsgeschichte.

Ich bin verliebt! In einen Mann, dessen Intelligenz mich in die Knie zwingt. Ich scheue aber davor, ihn meinen Freunden vorzustellen, denn er rennt immer mit Fleecejacke, neongelben Turnschuhen und kurzen Sporthosen rum. Darf ich ihn bitten, sich umzukleiden? Iris N., Basel

Liebe Iris, Sie sind verliebt, Glückwunsch. Aber wenn Sie schon durch Ihre rosarote Blindenbrille sehen, dass hier irgendetwas nicht ganz stimmt, dann können Sie davon ausgehen, dass es Sie in spätestens einem halben Jahr richtig nerven wird. Aber vielleicht finden Sie einen Ausweg. Erstens, Ihre Freunde. Die stehen Ihnen per definitionem wohlwollend gegenüber. Stellen Sie Ihnen den Herrn vor, möglicherweise bezirzt er sie ja ebenfalls mit seinem Intellekt und seinem durchtrainierten Body. Zweitens, sein Stil: Natürlich können Sie ihn bitten, sich anders zu kleiden, allerdings würde ich mir da keine so großen Hoffnungen machen. Männerneugestaltung ist ein hartes Brot; abgesehen davon möchte man doch auch keinen Partner, dem man morgens die Kleidung rauslegen muss, oder? Einfacher ist es, die Realität zu verklären, Lebenslügen sind die Grundlage glücklicher Beziehungen: Er ist nicht schlecht angezogen, er hat Stil, und zwar Nerdchic. Oder er ist modisch vorne dabei und lebt den Athleisure-Trend aus, indem er den Alltag in Sportkleidung verbringt. Wenn aber klassisch-schöne Kleidung für Sie Chefsache ist, dann müssen Sie sich von ihm trennen.

Einhörner, wohin man sieht – sogar erwachsene Frauen trinken aus Tassen, in denen dazu aufgefordert wird, ein Einhorn zu sein. Irgendwie ist mir das suspekt – oder hab' ich etwas nicht verstanden? Kathrin C., Bern

Liebe Kathrin, ich hege ja eine große Skepsis gegenüber Esoterik, Verschwörungstheorien, Homöopathie und New-Age-Schmu aller Art, aber ohne Toleranz kommen wir alle in die Hölle. Also, jedem Tierchen sein Pläsierchen, das gilt auch für Unicornistas und Teilzeit-Meerjungfrauen. Denn solange die Menschen morgens aus dem Bett kommen und zur Arbeit gehen, haben wir nicht das Recht, uns für ihr Privatleben zu interessieren. Nun könnte man einwenden, dass die Verniedlichung von Frauen mit Hello Kitty, Einhörnern und Delfinen eine gesellschaftliche Bewegung ist, die nicht gerade dazu führt, dass man Frauen ernst nimmt, eine Front, an der ja noch einiges getan werden muss. Aber ich kann auch jede Frau verstehen, die keine Lust hat, in der kalten Welt Antennen und Ellenbogen auszufahren und auf Teufel komm raus bei der Arbeit ihren Mann zu stehen. Es gibt keine Pflicht, sich wie ein erwachsener Mensch zu verhalten: Erstens weiß ohnehin niemand, was genau damit gemeint wäre, und zweitens: Gäbe es eine solche Richtlinie, dann drohte unserer Gesellschaft die Dauertristesse.

Neulich saß ich, bald 67, im Zug einem jüngeren Mann gegenüber, der mit gespreizten Beinen dasaß und mir so freien Blick auf seinen offenen Hosenschlitz gewährte – was ihm offensichtlich nicht bewusst war. Hat es Stil, ihn darauf hinzuweisen? Salome T., Dornach

Liebe Salome, es gehört zu den Rätseln der Zivilisation, warum einige Männer sich in der U-Bahn in so wenig kultivierten Posen ausbreiten, während sie es in Restaurants doch schaffen, sich normal und elegant auf einem Stuhl zu positionieren. Vielleicht könnte mir jemand dieses Phänomen erklären? Aber was Ihre Frage angeht – wenn man Menschen auf

Peinlichkeiten aufmerksam macht, dann man sollte immer den Nützlichkeitsaspekt im Hinterkopf haben: Wie hilfreich ist diese Bemerkung? Kann der Betroffene die Angelegenheit vor Ort regeln? Bei einem Fleck auf dem weißen Hemd nützt es wenig, den anderen darauf aufmerksam zu machen, er kann ihn ja nicht wegzaubern. Ein offener Hosenstall ist etwas anderes, da ist das Problem schnell behoben. Denn das nächste Mal sitzt dem Herrn keine freundliche ältere Dame gegenüber, sondern eine fesche Pendlerin, und schon haben wir eine Powerblamage. Also ganz freundlich bleiben, diskret und kurz auf das Problem hinweisen, vielleicht sogar dann, wenn Sie aussteigen – zu einer besseren Sitzhaltung werden Sie den Herren kaum erziehen, aber vielleicht wird er sich irgendwann daran erinnern, dass Nettigkeit die beste Strategie für ein erträgliches menschliches Miteinander ist.

Ich habe mich vor Kurzem von meinem langjährigen Partner getrennt, leider sieht er das überhaupt nicht ein. In wenigen Wochen wird er seinen Geburtstag feiern. Hat es Stil, ihm eine Karte und ein kleines Geschenk zu senden? Friederike M., Stuttgart (D.)

Liebe Friederike, Ihr guter Willen in allen Ehren – ich glaube nicht, dass Sie sich und Ihrem Ex-Freund einen Gefallen tun, wenn Sie ihm jetzt etwas schenken. Ich nehme an, dass es Ihnen um die Geste geht, darum mitzuteilen, dass Sie ihn auch nach der Trennung hinaus als Menschen würdigen. Aber das nützt dem Mann jetzt überhaupt gar nichts. Im Gegenteil. Entweder versteht er Ihr Geschenk falsch und macht sich wieder Hoffnungen, dann haben Sie den Salat und müssen sich erklären. Denn Menschen mit Liebeskummer sind nicht zurechnungsfähig und klammern sich an jeden Strohhalm. Oder er ist völlig niedergeschlagen, weil er sogar an seinem Geburtstag daran erinnert wird, was für ein wunderbarer und verbindlicher Mensch seine Ex-Freundin ist, Betonung auf »Ex«. Da hilft nur kalter Entzug und den Ball möglichst flach zu halten: Schicken Sie ihm eine freundliche SMS, das reicht. Dann weiß er, dass Sie ihn nicht völlig vergessen haben, aber dass die Sache zwischen ihnen beiden auch gelaufen ist. Das ist zwar etwas unterkühlt und nicht halb so hübsch wie eine richtige Karte, aber im Sinne Ihrer Trennung.

———————

Meine Freundin heiratet einen Mann, gegen den ich nichts habe, von dem ich aber glaube, dass er sie dauerhaft nicht besonders glücklich machen wird; er verdient kaum Geld, bricht vor Freunden in Tränen aus, seine psychische Verfassung scheint mir nicht die beste. Darf ich ihr meine Bedenken mitteilen? Lara T., Genf

Liebe Lara, wie sagte noch Kierkegard – die Ehe ist und bleibt die wichtigste Entdeckungsreise, die ein Mensch unternehmen kann. Es ist unmöglich, beim Ja-Wort die Überraschungen abzusehen, die noch kommen werden. Vielleicht mag der Mann auf den ersten Blick wie ein Fehlgriff wirken, aber wer weiß, was die Zukunft bringen wird; es ist unmöglich, das Potenzial eines Menschen zu beurteilen. Vielleicht entwickelt er sich, vielleicht entscheidet sich Ihre Freundin irgendwann gegen ihn. Solange der Mann keine wirklichen Probleme hat, gewalttätig ist, ein Spieler oder ein notorischer Fremdgeher, würde ich mich zurückhalten. Der Mensch kommt fehlerbehaftet auf die Welt, und in der Regel hat man schon genug mit seinen eigenen Problemen zu tun.

———————

Wenn ich eine Verabredung mit einem Mann habe und die Rechnung kommt, hole ich mein Portemonnaie heraus und zahle meinen Anteil selber – obwohl ich finde, dass ein Mann mich beim ersten Date auch einladen könnte. Ich verdiene selber genug Geld, doch ich finde die Geste einfach schön. Bin ich altmodisch? Tanja A., Zürich

Liebe Tanja, Sie schildern hier das Mikrodrama unserer Gegenwart: Die Emanzipation der Frauen hat schon ein gutes Stück hinter sich gebracht, doch niemand weiß genau, ob die Sache schon beendet ist oder ob der Weg hinter der Kurve von ewig weitergeht. Es scheint, dass wir mittendrin stecken und dann sitzt eine ehrgeizige junge Frau mit einem ratlosen Mann im Restaurant und beide fragen sich, wer zum Teufel denn jetzt eigentlich das Schnitzel zahlen soll. Es gibt Gründe, warum er es tun sollte, welche, die dagegen sprechen, Sie könnten superemanzipiert sein und ihn einladen, alles ist möglich und niemand weiß, was eigentlich richtig wäre. Ich finde es grundsätzlich piefig, wenn ein Mann mich nicht einlädt, zumindest wenn es sich um eine kleinere Rechnung handelt; lässig sind Frauen, die einfach zur Bar gehen, zwei Bier holen und die Rechnung ganz selbstverständlich begleichen. Bei Luxusrestaurants im 200-Franken-Bereich gehört es zum guten Ton, die Rechnung zu teilen, solange keine explizite Einladung ausgesprochen wurde; und jedes Restaurant, das für Sie zu teuer ist, kann auch mit genau dieser Begründung vorher abgelehnt werden. Egal, wie verunsichert wir durch die veränderten Ansprüche an Männer und Frauen sind: Niemand mag Geizkrägen, egal ob männlichen oder weiblichen Geschlechts.

Meine Frau hat im Sommer und im Winter nachts kalte Füße. Sie trägt deshalb extrem voluminöse Glismeti-Bettsocken. Dies ist ein völliger Stilbruch zu einem schönen Negligé oder zu kurzen Pyjama-Hosen. Gibt es eine Lösung, die sowohl kalte Füße wärmt als auch stilmäßig erfreut? Christoph F., per Facebook

Lieber Christoph, kalte Füße gehören zu Frauen wie das Amen in die Kirche; meine Füße fühlen sich gelegentlich so eisig an, dass mein Mann dann besorgt nachfragt, ob ich noch lebe. Doch kommen wir zu Ihrem Problem: Ich sehe ein, dass Glismeti-Socken keine sehr gute Kombination zu einem Seiden- oder einem dünnen Baumwollstoff ist. Allerdings dürfen Sie auch nicht vergessen: Frierende Frauen haben schlechteren Schlaf, schlechtere Laune und schlechteren Sex, darum sind kalte Füße für alle Beteiligten eine Zumutung. Modisch betrachtet böte es sich an, eine lange Pyjamahose mit den Socken zu kombinieren, dann fallen die Strumpfklumpen nicht so ins Gewicht; wenn Sie beide mutig sind und keine Kinder am Frühstückstisch warten, dann könnte Ihre Frau auch Overknee-Strümpfe mit Shorts kombinieren. Doch prinzipiell tue ich mich schwer damit, etwas so Wichtiges wie guten Schlaf erotischen Einzelinteressen unterzuordnen. Sie könnten es ja auch so sehen: Immerhin hat Ihre Frau hübsche Oberteile an; sie könnte die dicken Socken ja auch mit einer Jogginghose und einem Schlumpishirt kombinieren. Seien Sie also ein guter Ehemann und freuen Sie sich lieber darüber, dass Ihre Frau obenrum sexy gekleidet ist, dann kaufen Sie ihr ein paar Premium-Kaschmirsocken oder legen Ihr eine Wärmflasche ins Bett; vielleicht, ganz vielleicht, ist sie dann bereit, auf die Glismetis zu verzichten.

Mein Partner ist Bauarbeiter und hat sich seit einiger Zeit angewöhnt, mit staubigen und verschwitzten Kleidern nach der Arbeit auf dem Sofa fernzusehen. Diskussionen sind sinnlos. Das Sofa ist mit einem edlen dunkelbraun-türkisen Stoff von Designer Guild überzogen; kennen Sie eine aparte Überdeckung, die ich als Schutz drüberlegen könnte? Andrea S., ohne Ort

Liebe Andrea, ja, ein Sofa ist ein Gebrauchsgegenstand, der einem gewissen Verschleiß unterliegt, darum gibt es ja Ikea und Polstereien. Und vermutlich bekommt Ihr Mann jetzt die Rechnung dafür, dass er sich jahrelang auf dem Bau totgebuckelt hat; manchmal ist zu viel einfach zu viel, und ein Umweg unter die Dusche wird im Namen des Einfach-nur-Durchhaltens wegrationalisiert. Trotzdem ist es ungut, dass Diskussionen nicht möglich sind – so wie er ein nachvollziehbares Entspannungsbedürfnis hat, haben Sie ein nachvollziehbares Bedürfnis, dass das Wohnzimmer sich nicht in einen Sandkasten verwandelt. Fragen Sie Ihren Mann, warum er in letzter Zeit so erschöpft ist, warum ihm die Energie für einen Zwischenstopp im Badezimmer abhandengekommen ist. Sagen Sie ihm, dass es wichtig ist, dass er Ihnen zuhört. Diskussionen sind sinnlos, das ist ein schlechter Satz, der schnell in anderen Winkeln der Beziehung für schlechte Laune sorgen wird. Solange die Verhandlungen andauern, kaufen Sie ihm eine Hundedecke für seine Seite des Sofas, ich schlage Ihnen das Modell »Lazy in Panama« von »Lea und Louis« vor, ist auch bei 60 Grad waschbar. Psychologische Kriegsführung? Nicht doch.

Eine Bekannte streitet sich andauernd mit ihrem Mann. Das wäre ja nicht meine Angelegenheit, doch sie beschwert sich ständig bei mir, was für ein Idiot er sei. Was tue ich, um mich vor Partnertratsch zu schützen? Stefanie T., Bern

Liebe Stefanie, über den Partner zu lästern ist wie in der Nase zu bohren – offiziell darf man es nicht, trotzdem tut es fast jeder. Darum gilt hier das Zwölfte Gebot: Partnergeläster darf nie coram publico geschehen. Fremde, Facebook, Familienmitglieder sollte man ebenfalls nicht mit Intimitäten behelligen. Besser ist es, die diskrete beste Freundin vollzuquatschen. Die kann man mit Dauerdrama natürlich auch irgendwann langweilen, allerdings gehört es auch zum Wesen einer Freundschaft, sich auch in schwierigen Phasen zu ertragen. Womit wir bei Ihrem Problem wären: Meistens braucht man sich die Motzfolklore bestimmter Paare nicht zu sehr zu Herzen nehmen, es gibt Beziehungen, die auf diese Weise schon seit Jahrzehnten halten. Zudem gibt es auch noch Menschen, die über alles meckern, Partner, Politik, Wetter, da braucht man auch gar nicht groß darauf einzugehen. Wenn Sie es dennoch nicht hören möchten, dann liegt es an Ihnen, den Zug zu stoppen. »Das geht mich doch gar nichts an«, wäre ein höflicher Ausweg, »Vielleicht solltet ihr das untereinander und nicht mit mir klären«, ein anderer. Und wenn die Bekannte wirklich über nichts anderes mehr reden kann, dann suchen Sie etwas Abstand, bis die Lage sich beruhigt hat.

———

Eine Freundin gönnt sich alle paar Jahre ein teures Schmuck-stück. Nun hat sie mir gestanden, dass sie stolz darauf ist; sich aber gleichzeitig schämt, dass der Schmuck nicht von einem Mann ist. Und obwohl ich mich für emanzipiert halte, kann ich das nachvollziehen. Aber warum nur? Andrea O., Bern

Liebe Andrea, rational betrachtet ist die Lage klar: Schmuck von einem Mann ist (idealerweise) ein Beleg dafür, dass eine Frau geliebt und begehrt wird; selbst gekaufter Schmuck ist die Vergewisserung der eigenen Kraft. Beides ist gleich gut, doch offenbar nicht für jeden. Aber warum? Vielleicht hat die Emanzipation Fakten geschaffen, doch mental sind wir alle noch nicht ganz hinterher: Die romantischen Gesten eines Mannes werden immer noch höher geschätzt als die eigene Leistung. Es ist ja auch zweifellos schön, geliebt und begehrt zu werden, und der Mythos des spendablen Mannes wird umso größer, je mehr wir Frauen unser Leben selber bezahlen müssen (der Erfolg von »Shades of Grey« spricht in dieser Hinsicht Bände). Allerdings hat ein selbst gekaufter Ring den unbestreitbaren Vorteil, dass er zu hundert Prozent dem eigenen Geschmack entspricht– die Trefferquote beim Ehemann ist ja deutlich geringer, darum ist der geschenkte Schmuck meist das Erste, was nach einer Trennung auf dem Trödel landet.

Ich bin bei Tinder und treffe mich nun das erste Mal. Meine beste Freundin rät, mich für die Verabredung nicht extra hübsch anzuziehen, das würde nicht nur einen falschen Ein-druck vermitteln und sei auch nicht mehr zeitgemäß. Was meinen Sie? Léa F., Bern

Liebe Léa, tatsächlich ist die Vorstellung, dass eine Frau in pralinenhafter Aufmachung mit Stilettos, Push-up und Bleistiftrock zu einer Verabredung geht, vorbei. Denn dieses False Advertising führt ja nur zu Frustration: Zum einen ist man als Frau dazu verdonnert, diesen ressourcenfressenden Zustand möglichst lange aufrechtzuerhalten, zum anderen ist das andere Ende der Leitung enttäuscht, wenn die ehemalige Sexbombe irgendwann in Streetwear vor dem Kühlschrank steht und Kimchi mit den Fingern isst. Andererseits bringt es ja auch Spaß, gelegentlich als HD-Version seiner selbst aufzutreten, darum mein Vorschlag: Tragen Sie etwas, in dem Sie sich gut fühlen. Frisch geduscht ist ohnehin Date-Standard, schöne Haare erfreuen einen selbst. Wählen Sie Ihr Lieblingskleid, die beste Jeans, High Heels nur dann, wenn Sie darin laufen können. Ohnehin bezweifle ich, dass der sogenannte männliche Blick, von dem immer die Rede ist, in dieser gnadenlosen Form überhaupt existiert – und ob nicht Männer an Frauen Dinge schätzen, die so komplex und subtil sind, dass Kleidung und Make-up davon nur einen kleinen Teil ausmachen.

Der Kampf um Frauenrechte ist seit über hundert Jahren ein Thema. Und was machen die jungen Frauen von heute? Sie lassen sich vom Partner die Skier zur Seilbahn tragen. Hat das Stil? Isabella G., ohne Ort

Liebe Isabella, mit Ihrer Frage sind wir schon mittendrin im Minenfeld des Geschlechterdiskurses. Dabei würde ich unterscheiden, ob es sich um ein Paar handelt oder nicht. Jedes Paar pflegt seine eigene Kultur der gegenseitigen Unterstützung, und es geht Außenstehende nichts an, wie wer was regelt. Zudem könnte ich die Sache entschärfen, indem ich auf das Gesetz der Höflichkeit hinweise: nämlich demjenigen Dinge abzunehmen, die einem leicht- und dem anderen schwerfallen – meistens sind Männer körperlich stärker, und keine Frau der Welt verliert ihr Recht auf Höflichkeit, nur weil sie Gleichberechtigung einfordert. Doch die Sache wird komplizierter, wenn man davon ausgeht, dass jede Ski fahrende Frau diese selber tragen kann und sich die Frage stellt, ob man nicht unschöne Geschlechterklischees fortproduziert, wenn man diese von Männern tragen lässt. Natürlich gibt es Herren der alten Schule, die grundsätzlich jeder Frau helfen, aber oft baumelt auch ein Preisschild an solchen Aktionen: Vor allem jenen Frauen wird geholfen, die einem bestimmten Bild entsprechen. Aus eigener Erfahrung kann ich nur dazu raten, im Gym regelmäßig Kettlebells zu schwingen: Es ist ein schönes Gefühl, sich auf seinen Körper verlassen zu können, wenn es darum geht, Kinder, Koffer und Weihnachtsbäume durch die Gegend zu schleppen – und man kann diese Hilfsbereitschaft vor allem dann genießen, wenn man weiß, dass man nicht auf sie angewiesen ist.

Die Arbeit, das Büro und das restliche halbe Leben

Die Millenials haben es vorgemacht: Arbeit ist ein Mittel zum Zweck, Karriere nicht mehr Thema Nummer eins. Statt Dienstwagen, Eckbüro und Rolex zählen neue Werte, Freizeit, Familie und Freunde, Hobbys und Reisen. Die Unternehmenskarriere hat an Wert verloren, die neuen Helden unserer Zeit sind die Gründer, die ihre Geschäftsideen und Träume wahr werden lassen. Sogar ehemals profane Dinge wie Freizeitgestaltung, Sport oder Basteln wurden aufgewertet, sodass der ambitionierte Hobbykoch sich nicht dafür schämen muss, wenn er in der Firma Dienst nach Vorschrift macht und um 16 Uhr nach Hause geht. Die Idee, dass ein Beruf für immer ausgeübt wird, scheint mittlerweile so absurd wie die Vorstellung, für immer in einer Firma zu arbeiten – Menschen wechseln ihren Fachbereich, erwerben Zusatzqualifikationen, machen ein Jahr lang Pause und werden nebenberufliche Yogalehrer. Das verändert den Arbeitsmarkt, die Einstellungspraxis und verwandelt die einstige Hierarchie zwischen Chef und Angestellten in ein wechselseitiges Machtverhältnis. Mit weitreichenden Folgen für Auftreten und Kleidung, Sprache und Karriereplanung. Der Dresscode »Smart Casual« ist das beste Beispiel für diese neue Freiheit – denn tatsächlich versteht nicht nur jeder etwas anderes darunter, es bedeutet auch für jeden etwas Unterschiedliches. Der Praktikant kann selbstverständlich in einer Jeans zur Arbeit kommen, die Abteilungsleiterin eher nicht. Die Entformalisierung der Büromode ist mittlerweile schon so weit fortgeschritten, dass nicht nur die Krawatte, sondern auch der Anzug zur Disposition steht. Die Helden des Silicon Valley haben vorgemacht, dass man die Welt auch in verwaschenen Jeans erobern kann, und die Auswirkungen dieses modischen Erdbebens zeigen sich auch bei uns: Selbst in der konservativen Finanzbranche werden die Vorschriften (und Krawatten) gelockert, um sich nicht zu stark vom Kunden zu distanzieren. Angesichts des neuen Dresscodes braucht man also keine starren Regeln, sondern muss sich stattdessen über sich selbst und seine berufliche Position im Klaren sein – und darf dabei nicht vergessen, dass die richtige Kleidung nur ein Weg von vielen ist, um einen guten Eindruck zu machen.

Ich habe eine neue Stelle. Ist es angebracht ist, meine Wertschätzung für Job und Team in Form eines Einstands auszudrücken? Ich bin eher schüchtern und wäre froh, wenn das nicht sein muss. Aber falls doch: nur das engste Team, also vier Personen? Oder die 15-köpfige Abteilung inklusive Oberchef? Oder das ganze Geschoss mit 40 Personen? Georg B., Sankt Gallen

Lieber Georg, es freut mich zu hören, dass Sie von Ihrem Job so begeistert sind. Den Einstand in einer Firma feiert man, wenn man die Strukturen kennengelernt hat und richtig angekommen ist. Welcher Termin sich anbietet und welche Abteilung Sie einladen möchten, hängt von den Usancen Ihrer Firma ab, erkundigen Sie sich am besten bei den Kollegen, wie die das gehandhabt haben. Das Datum sollten Sie mit Ihrem Chef absprechen (vor allem müssen Sie auch klären, ob die Firma die Feier überhaupt gestattet und wie es mit Alkohol aussieht), zeitlich etwa 30 Minuten einplanen – das sollte auch für eine schüchterne Person zu bewältigen sein. Kümmern Sie sich um etwas Fingerfood oder

Kuchen, abhängig von Ihrer Position und Ihrem Gehalt. Allerdings ist ein Einstand eine freiwillige Geste, und wenn es Ihnen widerstrebt, im Mittelpunkt einer Small-Talk-Party zu stehen, dann könnten Sie die Angelegenheit auch einfach aussitzen oder bei einer passenden Gelegenheit eine Flasche Sekt mit Ihren engsten Kollegen aufmachen. Und setzen Sie sich nicht unter Performancedruck: Unaufgeregte und produktive Kollegen sind ohnehin sehr beliebt, ganz ohne Kuchen und Konfetti.

Ich, 32, bin PR-Managerin und habe mich mit einem Journalisten ähnlichen Alters getroffen, damit wir uns mal persönlich kennenlernen. Ich bot ihm das »Du« an, doch er lehnte ab. Er mache das nicht gerne im beruflichen Umfeld, vor allem nicht mit PR-Leuten, die schnell Gefallen erwarteten. War es unhöflich von mir, ihm das Du anzubieten? Tina B., per Facebook

Liebe Tina, ist es nicht unhöflich, jemandem das »Du« anzubieten, der aus einer ähnlichen Alterskohorte stammt wie man selber, von einigen Ausnahmen (Polizisten, Vorgesetzte, Zahnärztin) mal abgesehen. Allerdings hat auch jeder das Recht, auf das »Sie« zu bestehen, egal wie maniert es auch erscheinen mag. Für Journalisten ist Distanz zu PR-Leuten wichtig, doch das ist per »Du« gut möglich; diese Nuancen sollte man als erwachsener Mensch eigentlich beherrschen. Darüber hinaus ist es arrogant, zu implizieren, dass Sie sich an ihn heranwanzen und ihn korrumpieren wollten. Vielleicht gibt es eine Asymmetrie Ihrer Berufspositionen, doch dieses Machtgefälle auf diese Weise zu benennen, halte ich für extrem schlechten Stil. Und für unklug. Denn wer weiß, vielleicht dreht sich eines Tages der Spieß um und der Mann möchte eine Stelle bei Ihnen in der Agentur haben. Dann könnten Sie ihm ja einen Gefallen tun. Oder es lassen, ganz still und heimlich. Das Karma hat eine eigene Abteilung für Klugscheißer.

Es fällt mir auf, dass sich Politiker oder Unternehmen häufiger für etwas »entschuldigen«. Aber kann das nicht nur derjenige tun, in dessen Schuld man steht? Handelt es sich hierbei um eine sprachliche Unschärfe oder gibt es tatsächlich einen Punkt, an dem man um »Entschuldigung bittet«?
Christian H., Nyon

Lieber Christian, öffentliche Figuren oder Firmen, aber auch Privatpersonen stehen durch den allgemeinen Hierarchieverlust und die sozialen Netzwerke schnell unter Druck: Fehlverhalten wird nicht nur schneller bemerkt, sondern auch in Form von Empörung, Wut oder gar Hass an den Urheber zurückgeleitet. Autsch! Da hilft nur die Flucht nach vorne und zu seinen Fehlern zu stehen. Aber Sie bemerken ja selber, dass es etwas anderes ist, ob man »sich entschuldigt« oder jemanden um Verzeihung bittet. Korrekterweise liegt der Unterschied nicht in der Schwere der Schuld, sondern am Zeitpunkt: Man kann im Vorhinein um Entschuldigung bitten, etwa wenn man sich vordrängelt – vergleichbar mit dem englischen »Excuse me«. Hinterher – also wenn man jemanden bereits angerempelt hat, beim Seitensprung erwischt wurde oder den letzten Bresaola im Kühlschrank aufgegessen hat – bleibt einem nur noch übrig, um Verzeihung zu bitten und auf das Beste zu hoffen. Allerdings ist dieser Unterschied sprachlich verwischt, und wenn sich jemand dafür entschuldigt, »dass« er einen Fehler gemacht hat, dann ist dies durchaus ernst zu nehmen. Die Fake-News-Alarmglocken sollten allerdings dann losschrillen, wenn sich jemand dafür entschuldigt, »falls« er jemanden verletzt haben sollte – das ist nichts als Selbst-PR, die gerne von Politikern und Firmen eingesetzt wird, um einerseits reflektiert dazustehen und gleichzeitig keinen Fehler zuzugeben.

Ich bemerke zunehmend, dass Menschen, die in der Dienstleistungsbranche (zum Beispiel im Hotel) arbeiten, auf ihrem Namensschild lediglich ihren Vornamen angeben. Mich stört das, denn ich begegne Menschen gerne auf Augenhöhe. Wie gehen Sie mit solchen Situationen um? Christine A., Seengen

Liebe Christine, tja, die Entscheidung wurde ja schon für Sie getroffen: Sie müssen die Person mit ihrem Vornamen ansprechen, einzig das sogenannte »Hamburger Sie«, also »Sie« plus Vorname, könnte Ihrem Sinn nach Augenhöhe und professioneller Distanz entgegenkommen. Ansonsten sehe ich kein Problem darin, die Gespräche ohne direkte Namensnennung zu führen. Ich stehe der Ikeaisierung der Anrede auch skeptisch gegenüber, aber vermutlich ist dies ein Produkt der Globalisierung, des Siegeszuges der englischen Sprache und der allgemeinen Entformalisierung des Umgangs. Zudem gilt es als persönlicher, jünger und moderner, sich mit dem Vornamen vorzustellen. Außerdem sind Menschen mit Kundenkontakt, die mit Vor- und Nachnamen bekannt sind, leichter googel- und somit stalkbar, vielleicht spielen auch Schutzbedenken eine Rolle – zumal die meisten Arbeitsprozesse auch ohne Kenntnis des Nachnamens durchgeführt werden können. Die Hierarchie ist ja ohnehin eindeutig, diese Asymmetrie müssen Sie hinnehmen: Sie macht ja nur sichtbar, was ohnehin besteht.

Demnächst werde ich pensioniert, doch die Berufsbezeichnung »Rentnerin« oder »Pensionärin« finde ich schrecklich. Ich bin Kauffrau, die letzten Ausbildungen waren Direktionsassistentin und Personalfachfrau. Haben Sie eine Idee? Ursula J., Frauenfeld

Liebe Ursula, ich kann Sie gut verstehen – in unserer arbeitsgeprägten Welt ist das Wort »Rentner« eine Zumutung. Genau so wie der Zustand: viel Zeit, keine Aufgabe. Doch es gibt Alternativen: Bei Untersuchungen über die Lebensgewohnheiten von langlebigen Menschen hat man entdeckt, dass sich auf der japanischen Insel Okinawa die kerngesunden Hundertjährigen häufen. Interessanterweise gibt es dort kein Wort für Rente, Rentner oder gar Rentnertod, sondern den Begriff Ikigai: »Das, wofür es sich morgens lohnt, aufzustehen« – das kann ein Beruf sein, muss es aber nicht. Es geht darum, seinem Leben Sinn zu verleihen: eine tolle Köchin zu sein, zum Beispiel. Eine liebevolle Großmutter, ein aktives Mitglied im Schachverein. Eine engagierte Ehrenamtliche, eine stolze Gärtnerin – bauen Sie auf Ihre vorhandenen Begabungen auf, überlegen Sie, was Sie mit Freude erfüllt; es kann ein Dienst an der Gemeinschaft sein oder das Gefühl, das perfekte Kastenbrot aus dem Ofen zu holen. Das wird Ihr Ikigai und beantwortet jede Frage. Und das R-Wort, das vergessen Sie ganz schnell.

Wenn ich Geschäftspartner ins Sitzungszimmer führe, wer betritt dieses zuerst? Die männlichen Geschäftspartner oder aber ich, im Sinne von »Ladies first«? Und wie sieht es aus, wenn die Geschäftspartner zugleich Frauen und Männer sind? Arlette N., ohne Ort

Liebe Arlette, ich glaube, dass unsere Enkel uns später fragen werden, wie wir es nur ausgehalten haben, in einer Zeit zu leben, in der wirklich alles zwischen Männern und Frauen verhandelt werden musste. Wie in Ihrem Fall: Früher wurde Business von Männern mit Männern gemacht, die Regeln im Umgang mit Damen ergaben sich von selbst. Nun sind alle Normen durcheinandergeschüttelt und alles muss durchdacht werden. In Ihrer Situation würde ich versuchen, mich über die Rolle zu definieren, die Sie in diesem Moment ausüben – Sie sind Geschäftspartnerin, Gastgeberin, und, ja, auch eine höflichkeitsliebende Frau. Als Geschäftspartnerin würden Sie den Herren den Vortritt lassen, als Gastgeberin auch, als Frau nicht. Daraus ergibt sich ein mehrheitlich männlich konnotiertes Vorgehen, mit einem guten Anteil Weiblichkeit. Dies führt wiederum dazu, dass Sie innerhalb der Besuchergruppe den Frauen den Vortritt lassen würden. Die hundertprozentige Übernahme männlicher Etikette (wie den Männern in den Mantel helfen) würde ich als unpassend empfinden. Ihr Ziel muss sein, dass Ihre Geschäftspartner, Männer und Frauen, sich gut aufgehoben fühlen, und das geht nicht, wenn Sie sich an strengen Richtlinien entlanghangeln. Das oft zitierte Fingerspitzengefühl mag anstrengend sein und Energien erfordern, die man sonst für andere Dinge einsetzen könnte. Doch es geht ja um die soziale Textur, in der wir leben wollen, und da muss eben auch investiert werden.

Gewerkschaftsprofis neigen zu einem eher formlosen Kleidungsstil, auch im öffentlichen Dienst. Was aber, wenn der Gewerkschaftssekretär zu Verhandlungen mit dem Arbeitgeber antritt? Erzielt er einen Punktgewinn, wenn er, wie sein Gegenüber, eine Krawatte trägt? Oder darf er, weil er das Proletariat verkörpert, darauf verzichten? Christoph S., Zürich

Lieber Christoph, wie können Sie das beste Ergebnis für die Genossen (evt. anderer Begriff in CH?) herausholen? Indem Sie den Kleidungsstil Ihrer Gewerkschaft verkörpern? Oder werden Sie von der Gegenseite ernster genommen, wenn Sie sich im Look angleichen? Solange die Krawatte für Sie kein Fremdkörper ist, würde ich Ihnen dazu raten, sie zu tragen. Denn sie ist nach wie vor ein Machtsymbol – der Typ mit der Krawatte ist der große Fisch (und wer jetzt einwendet, Mark Zuckerberg trage auch keine Krawatten, der möge bitte »zuckerberg + merkel« googeln). Und ich bin davon überzeugt, dass es sich in wichtigen Situationen immer lohnt, optisch etwas konservativer aufzutreten, da sich so die Kraft der Argumente besser entfaltet. Zeigen Sie Ihren Mitgliedern, dass Sie etwas für sie bewegen können, entwickeln Sie ein Gewerkschaftsbild, das in unsere Zeit passt; angesichts der zunehmend ungleichen Verteilung von Vermögen ist diese Aufgabe wichtiger denn je. Und dann erinnern wir uns an den sang- und klanglosen Abgang von Herrn Varoufakis, dessen Krawattenlosigkeit wichtiger wurde, als seine Art zu denken. Vielleicht hätte das Schicksal Griechenlands einen anderen Verlauf genommen, hätte er nur eine Krawatte getragen.

In Zürich herrschen in der Finanzbranche strenge Kleidervorschriften. Einer meiner männlichen Mitarbeiter mit Kundenkontakt ist jedoch beratungsresistent: Er erscheint im Büro mit einem weit ausgeschnittenen Cardigan und ohne Hemd, an anderen Tagen mit kurzen Ärmeln. Ich weiß, dass sich auch das Management daran stört – wie kann ich ihn überzeugen? Elisabeth F., Zürich

Liebe Elisabeth, wie war das noch mal mit dem Überbringer der schlechten Nachricht und dem Kopf? Genau. Lassen Sie es. Es ist die Aufgabe des Kollegen, herauszufinden, welche Kleidung am Arbeitsplatz angebracht ist, ein erwachsener Mensch schafft dies durch teilnehmende Beobachtung oder diskretes Nachfragen. Und es ist Aufgabe des Managements, die Mitarbeiter dazu zu bringen, dass sie sich dem Habitus der Firma anpassen. Als Kollege ist man schnell dazu verleitet, horizontale Tipps zu vergeben, damit können Sie nur verlieren. Wie sagte noch der große amerikanische Philosoph und ehemalige Drogendealer Jay-Z? »I got 99 problems, but b***ch ain't one of them.« Gilt auch für die Kollegen in den Zürcher Bankkreisen.

Ich stehe mit einer Kollegin auf Kriegsfuß. Nun schrieb ich ihr eine Mail und bat sie um eine Aussprache. Ich hatte keine Lust, die Anrede mit »Liebe« zu beginnen und habe deshalb »Hallo« gewählt. Meine Kollegin antwortete, dass, wenn man eine Mail so beginne, die Distanz schon groß sei. War das wirklich so stillos? Marlis T., per Facebook

Liebe Marlis, immerhin haben Sie überhaupt eine Anrede geschrieben! Bei Mails an Kollegen und Freunde wird diese ja gerne im Eifer des Gefechts wegrationalisiert, ganz einfach, weil die nicht-öffentliche Schriftsprache sich der Umgangssprache angepasst hat. So weit, so normal, doch zurück zu Ihnen: »Hallo« ist natürlich distanzierter als »Liebe«, aber besteht nicht hierin genau der Konflikt? Immerhin haben Sie sich ja aufgerafft, um die Situation zu verbessern. Doch behalten Sie diesen Trumpf lieber für sich, und machen Sie sich darauf gefasst, dass Ihnen im Gespräch erst einmal Unmut entgegenschlägt; die Rumzickerei wegen der Anrede lässt darauf schließen, dass es vor allem um gekränkte Befindlichkeiten geht. Zeigen Sie Format, lassen Sie sie ausreden, und sollte sie argumentativ etwas schwach auf der Brust sein, mähen Sie sie nicht nieder. Es geht nicht ums Gewinnen, zumindest dann nicht, wenn Sie in Zukunft ohne Magengrummeln ins Büro gehen wollen.

Ich arbeite zweimal pro Woche im Homeoffice. Dabei trage ich Jogapants, Sweatshirt und Komfortsocken. In meiner Firma herrscht eine strenge Kleiderordnung, darum fühle ich mich gerade am Telefon etwas unwohl – lasse ich mich schon gehen? Katja P., via Facebook

Liebe Katja, Sie merken, Homeoffice hat seine Tücken: Morgens empfängt man den Paketboten im Schlafanzug, mittags schläft die Katze auf der Tastatur und am Abend ist man snickerssüchtig geworden. Finde ich nachvollziehbar, doch man sollte gegen jede Form der Verlotterung ankämpfen. Es ist reiner Selbstschutz, denn was wir anziehen, beeinflusst, wie wir uns fühlen. Natürlich brauchen Sie kein Powerdressing am Küchentisch zu betreiben, trotzdem ist es wichtig, einigermaßen in Einklang mit Ihrer Verantwortung zu sein. Mein Vorschlag: Ein Double-Denim-Look aus Jeans und Jeansbluse sieht gut aus und ist bequem, Sie könnten sich allerdings auch einen sehr eleganten Seidenpyjama (zum Beispiel mit riesigen Blumen von Equipment) zulegen. Denn kombinieren Sie dann bitte nicht mit Pantoffeln, sondern Pumps und sind für diesen Tag außerordentlich mondän unterwegs. Und: Ein schlechtes Gewissen dem Arbeitgeber gegenüber brauchen Sie so oder so nicht zu haben.

Denn wenn es Ihren Geist beflügelt, können Sie auch im Bananenrock im Homeoffice sitzen.

Beruflich hatte ich neulich mit iranischen Delegierten zu tun. Aus bekannten Gründen wollten sie mir nicht die Hand geben, was mir sehr missfallen hat. Muss ich diese Form der Ablehnung beim nächsten Mal hinnehmen? Jessica J., Bern

Liebe Jessica, Sie könnten es natürlich wie Michelle Obama machen, die beim Besuch in Indonesien einem sittentreuen Minister die Hand kräftig schüttelte, was wiederum dafür sorgte, dass dieser in Erklärungsnot geriet. Aber als Pragmatikerin behaupte ich, dass es nicht immer opportun ist, sich wie eine First Lady zu benehmen, auch wenn Mrs. Obama natürlich Haltung und Manieren hatte. Damit sind wir beim Thema: Haltung vs. Manieren – manchmal muss man leider wählen. Möchten Sie lieber eine gute Gastgeberin sein, die dafür sorgt, dass die Gäste sich wohlfühlen? Immerhin haben Sie (oder die Firma, die Sie repräsentieren) diese ja selber eingeladen, insofern ist es zumutbar, sich nicht in den kulturellen Nahkampf zu begeben und die Sache auf sich beruhen zu lassen. Ich verstehe allerdings auch, dass Sie Ihren Anspruch auf Respekt durchsetzen und vielleicht auch ein Zeichen setzen möchten. Man muss zwar nicht auf jede Provokation eingehen, doch Intoleranz und Diskriminierung breiten sich blitzschnell aus, wenn niemand dagegen aufsteht. Allerdings möchte ich Sie bitten, noch einen weiteren Aspekt in Ihrem Herzen zu bewegen: Würden Sie sich genau die gleichen Fragen stellen, wenn die Männer nicht Muslime, sondern Gläubige einer anderen Religion wären, die weniger unter Druck stünde?

Wie kann ein Meeting effizient organisiert werden, ohne die zwischenmenschliche Komponente zu vernachlässigen? Reto A., Pruntut

Liebe Reto, Sie sind pünktlich, nur der Typ aus dem Controlling kommt zehn Minuten zu spät, es gibt keine Agenda, niemanden, der die Sache moderiert, dafür aber die Quasselpest aus dem Nachbarbüro – ja, wir haben es alle schon einmal erlebt. Noch schlimmer sind Telefonkonferenzen, bei denen ich davon ausgehe, dass die Hälfte der Teilnehmer entweder gerade ihren Powernap erledigt oder heimlich CandyCrush spielt. Doch letztendlich überwiegen die Vorteile des Konferierens, vor allem, wenn die Führungskraft das Problem in den Griff kriegt: etwa indem man Pünktlichkeit fordert und vorher eine klare Agenda benennt. Während des Meetings sollten Maßnahmen festgelegt, das Ganze protokolliert und hinterher jedem zugeschickt werden. Vor allem sollte ein guter Chef wissen, wann ein Team eine bessere Lösung finden kann und wann ein Einzelner. Sollten Sie nicht die Chefin sein, dann könnten Sie sich vorher nach einer Agenda erkundigen und sich darauf vorbereiten. Und falls Sie gelegentlich wegdriften, machen Sie sich keine Sorgen: Das Arbeitsleben ist heutzutage eh derart verdichtet, da kommt etwas Entschleunigung gerade recht, und die innere Emigration ist bei schlimmem Geschwätz auch eine gute Lösung.

Ich arbeite in einem stark hierarchischen Familienunternehmen. Dabei habe ich mit dem Seniorchef Kontakt. Nun vergisst der ältere Herr neuerdings manchmal, seinen Hosenschlitz nach dem Toilettengang zu schließen, was mir vor allem vor Kunden unangenehm ist. Kann ich ihn darauf hinweisen? Birgit F., ohne Ort

Liebe Birgit, ich benutze Ihre Frage für einen Appell: Können wir die Sache mit dem Hosenschlitz nicht ein bisschen entkrampfen? Ich fände es schön, wenn wir in einer Welt leben würden, in der man selbstverständlich sagen könnte, Herr Müller, bevor wir ins Meeting gehen, Ihr Reißverschluss ist offen. Das würde zwar kurzfristig etwas unangenehm sein, aber es ist doch wesentlich peinlicher, diesen Umstand erst nach dem Kundentermin zu bemerken. Wir alle würden von diesem Agreement profitieren, zumal ein offener Hosenschlitz ein Paradebeispiel für ein schnell lösbares Problem ist. Er fällt noch nicht einmal in die Kategorie »persönliche Grundsatzkritik« à la »Herr Müller, ich glaube, Sie müffeln.« Dass der Hosenstall nicht vor Publikum thematisiert wird, ist selbstredend; sollten Sie sich als Frau unwohl fühlen, dann bitten Sie einen Kollegen, dies zu übernehmen (das gilt natürlich auch umgekehrt für Männer).

Ein neuer Kollege sollte mir bei einem IT-Problem helfen. Sein Name war Ronja, deshalb dachte ich, es sei eine Frau. Als er erschien, hielt ich ihn für einen Kerl: groß, männlich gekleidet. Dann sah ich die weichen Gesichtszüge und die langen Haare. Dann musste ich vor ihm/ihr über sie/ihn sprechen: »Er/sie hat mir netterweise ein Ladekabel geborgt ...« Was wäre richtig gewesen? Karina F., Biel

Liebe Karina, ja, manchmal ist es schwierig, Transmenschen ein Geschlecht zuzuordnen. Dabei sollte man erst einmal zwischen trans- und genderqueeren Personen unterscheiden. Transmenschen fühlen sich von Geburt an im falschen Körper, darum lassen sich viele irgendwann medizinisch angleichen. Logischerweise spricht man sie mit dem Geschlecht an, das sie als passend empfinden. Genderqueere oder auch non-binäre Menschen hingegen sehen sich weder als Mann noch als Frau, meistens geben sie sich Unisex-Namen wie »Chris« und legen Wert darauf, nicht auf »er« oder »sie« festgelegt zu werden. Doch wie redet man mit ihnen und über sie? Um das Possessivpronomen kann man sich herumlavieren, sonst wird es durch den Namen ersetzt: »Chris hat mir Chris' Ladekabel geliehen.« Das klingt zunächst etwas unhandlich, aber letztendlich ist es nur ein geringer Preis dafür, dass alle sich gut aufgehoben fühlen. Falls Sie sich nicht sicher sind, können Sie auch fragen: Bei der Arbeit (nicht an der Wursttheke!) ist das zumutbar und zweckmäßig, Ronja (und Chris) haben sicher eine Antwort parat. Das Ansprechen mit zwei Geschlechtern ist zwar diplomatisch von Ihnen, thematisiert aber Ronjas Geschlechtsidentität, obwohl es um Kompetenz und Ladekabel geht.

Morgens gehe ich früher ins Büro, um in Ruhe zu arbeiten. Doch dann kommt meine Kollegin und hört nicht auf zu reden. Noch schlimmer ist ihr schrilles Gelächter. Den Kaffeeklatsch würde ich ja akzeptieren, aber dieses Lachen nicht. Gibt es eine Möglichkeit, dies stilvoll mitzuteilen? Marianne H., Luzern

Liebe Marianne, die Quasselstrippe gehört zum Büro wie der Wasserspender, die fiese Lache lassen wir jetzt außen vor. An der sollten Sie sich nicht abarbeiten, das wird schnell persönlich und schmerzvoll, der Kampf lohnt sich nicht. Welcher Kampf sich allerdings lohnt: der um Ihre Aufmerksamkeit. Installieren Sie einen eigenen Spamfilter und holen Sie sich die Hoheit über Ihre Arbeitszeit zurück, indem Sie den Satz, »Ich würde wirklich gerne mit dir plaudern, aber ich muss hier fertig werden«, in verschiedenen Varianten bereithalten. Das ist kein Affront, sondern Selbstverteidigung beziehungsweise Teil Ihrer Jobdescription. Wirkt das nicht, dann arbeiten Sie mit Körpersprache: Schauen Sie auf Ihre Uhr, auf den Monitor, greifen Sie zum Telefon oder simulieren Sie einen Gang zum Drucker – Sie müssen die Botschaft konsequent rüberbringen, auch auf die Gefahr hin, irgendwann keinen Tratsch mehr serviert zu bekommen. Damit müssen Sie leben; sollten Sie es wirklich vermissen, gehen Sie mit der Kollegin zum Lunch oder verabreden Sie sich privat. Dann allerdings müssen Sie auch die Lache hinnehmen, die Sie allerdings wesentlich weniger nerven wird, wenn sie nicht Ihre Nerven perforiert.

Mein Kollege und ich haben dieses Jahr ein Jubiläum in unserer Firma. Doch leider ist es so, dass unser Chef nie an Geburtstage oder gar an ein Weihnachtsessen denkt. Darf ich ihn auf das Jubiläum aufmerksam machen? Anonym, ohne Ort

Lieber Unbekannter, manche Menschen haben die Befindlichkeiten anderer Leute nicht auf dem Radar – und so wie niemand von rot-grün-blinden Menschen erwartet, dass sie die Farben irgendwann erkennen, so ist es auch hoffnungslos, von Ihrem Chef zu erwarten, dass er sich von allein rührt. Was also bedeutet das für Sie? Sie könnten das Jubiläum ansprechen, das erhöht natürlich die Chancen, dass etwas passiert. Andererseits finde ich es schwierig, dies in einer Firma zu tun, in der es keine derartige Kultur gibt – es besteht die Gefahr, dass nur jene eine Feier erhalten, die das auch einfordern. So entsteht schlechte Stimmung im Team. Ich würde an Ihrer Stelle die Kraft aufbringen, einen Kulturwandel in Gang zu setzen. Sprechen Sie mit dem Chef das Thema an, schlagen Sie vor, den Zusammenhalt durch ein Weihnachtsessen zu verbessern, auch wenn es darauf hinausläuft, dass Sie es organisieren werden. Wenn Sie an dieser Schraube gedreht haben, dann könnten Sie auch Ihr Jubiläum ansprechen und dafür sorgen, dass dies institutionalisiert wird. Lässt der Chef sich nicht darauf ein, dann feiern Sie trotzdem mit dem Kollegen, gehen Sie in ein teures Restaurant und freuen Sie sich darüber, dass Ihr Job so gut ist, dass Sie trotz rot-grün-blindem Chef daran festhalten. Oder eben nicht – dann planen Sie jetzt Ihre Flucht.

Meine Chefin ärgert sich, wenn sie an offiziellen Veranstaltungen von Männern zur Begrüßung auf die Wangen geküsst wird. Wie hält man stürmische Herren elegant auf Abstand und gibt es so etwas wie einen Kuss-Knigge? Gina F., ohne Ort

Liebe Gina, leider es gibt es keinen pauschalen Kussknigge, weil sich die Codes je nach Tageszeit, Branche, Anlass und sogar von Person zu Person unterscheiden. Ihre Chefin hat nun das Problem, dass sie zwar in ihrer offiziellen Rolle auftritt, aber die Veranstaltung für manche Teilnehmer einen privaten Charakter hat: wo viel Networking, da viele Bussis. Es lohnt sich aber nicht, sich darüber zu ärgern, denn beim Gebussel geht es ja nicht um Sex, sondern um die Simulation von Vertrautheit und Harmlosigkeit. Männer – und auch Frauen – haben dies lange als charmant und normal erlernt und wissen einfach nicht, dass einige Frauen dies im Berufsleben nervig finden. Wenn Ihre Chefin das nicht mag, dann kann sie das bei der Begrüßung genau so sagen – »bitte nicht, ich mag das Geküsse nicht« – und freundlich die Hand reichen. Das mag zwar zu kurzzeitiger Verwunderung führen, aber das Problem wäre langfristig gelöst. Denn dass Männer manchmal nicht verstehen, was charmant und was übergriffig ist, ist eine Sache. Ein anderes Problem sind Frauen, die sich nicht trauen, sich unbeliebt zu machen, indem sie deutlich sagen, was sie von ihrem Umfeld erwarten. Gerade als Chefin kann sie wesentlich leichter Ansagen machen als die Praktikantin – die sich vielleicht auch darüber freut, wenn sich die Küsskultur im Job ändert.

———————

Ein potenzieller Arbeitgeber hat meine Ex-Chefin kennengelernt, die meinen Namen erwähnt hat – da uns eine Mobbinggeschichte verbindet, vermute ich, dass sie schlecht über mich geredet hat. Wie reagiere ich, wenn er mich auf den Vorfall anspricht? Charlotte F., ohne Ort

Liebe Charlotte, Sie wissen nicht, ob Ihre Ex-Chefin tatsächlich schlecht über Sie geredet hat – hören Sie bitte auf, sich den Kopf darüber zu zermartern, das raubt Ihnen Ihre kostbare gute Laune. Und ob Ihr neuer Kollege mit Ihnen über das Thema sprechen möchte, wissen Sie auch noch nicht. Sollte dies dennoch der Fall sein, können Sie nachhaken, was genau denn Ihre Ex-Chefin gesagt hat, und dann Ihre Sichtweise kurz und abstrakt darlegen – das Arbeitsumfeld habe nicht zu Ihnen gepasst, Sie hätten daraus gelernt, Probleme rechtzeitig zu adressieren und besser auf Ihre eigene Gesundheit zu achten. Damit vermitteln Sie eine gute Botschaft über sich selbst, richten den Blick nach vorne und behalten die Herrschaft über Ihr eigenes Narrativ.

———————

Hochzeit, Beerdigungen und andere Feste

Mittlerweile darf nicht nur jede (und jeder!) heiraten, wen er will, sondern auch, wie er oder sie will – strikte Regeln gibt es nur noch für jene, die sich das explizit wünschen. Wenn die Liebe also bunt wie der Regenbogen ist, so färbt das auch auf Rituale wie Hochzeiten, Geburtstage und Beerdigungen ab. Allerdings zahlen wir für unsere Freiheit einen Preis: Wenn wir auf einer Hochzeit Schwarz und auf einer Beerdigung Rot tragen, dann ist das vielleicht ein starkes individuelles Statement – aber trennt es uns nicht vielleicht auch von unserer Gemeinschaft? Trauer, Liebe und Freude mögen universell sein, doch jede Kultur hat eigene Vorstellungen davon, wie man diese rituell begleiten kann – und daran teilzunehmen heißt auch, in seinem Schmerz oder in seiner Freude Teil von etwas Größerem zu sein und sich vielleicht auch aufgehoben zu fühlen. Wann also führt unsere Individualität zu Vereinsamung, wo ist sie ein Schutz vor Vereinnahmung? Und wie sieht ein guter Weg zwischen traditionellen Ansprüchen und zeitgemäßer Lebensführung aus? Manchmal ist es eine Entlastung, den bekannten Regeln zu folgen, man hat mehr Kraft für die großen Entscheidungen, wenn Kleidung und Verhalten automatisch festgelegt sind. Und manchmal gibt es einem Kraft, für sich einzustehen, sich treu zu bleiben und auf seine Weise zu feiern und Abschied zu nehmen. Hochzeiten und Beerdigungen sind Zeremonien der Gemeinschaft, sie dienen den Lebenden und den Liebenden. Der Spielraum, den wir haben, ist größer geworden – doch das heißt noch lange nicht, dass es überhaupt keine Grenzen mehr gibt.

Letztes Jahr benötigte ich passende Kleidung für die Beerdigung meiner Eltern. Eine Verkäuferin riet mir zu einem Mantel mit Hahnentrittmuster, die Farbwahl würde heute nicht mehr so streng gehandhabt. Ich trug dann doch ein schwarzes Wollcape, zu meinem Glück, denn alle Verwandten trugen Schwarz. Haben sich die Regeln nun geändert? Maja B., Ostermundingen

Liebe Maja, es tut mir sehr leid, dass Ihre Eltern verstorben sind, und ich bin froh, zu hören, dass Sie letztendlich doch ein schwarzes Kleidungsstück für die Beerdigung gewählt haben. Denn, ja, manche Dinge haben sich in den letzten Jahren gelockert, dunkle Farben sind auf Trauerfeiern zunehmend akzeptiert. Und, nein, niemand macht Ihnen Vorwürfe, wenn Sie im Hahnentrittmuster neben dem Sarg stehen – in diesem Moment zählen andere Dinge als Etikette. Dennoch finde ich es ärgerlich, wenn eine Verkäuferin einer verunsicherten Kundin in einer solch prekären Situation etwas Modisches aufschwatzt. Denn egal, in welcher Lage Sie sich befinden, welches Event Sie besuchen: Wenn Sie sich unsicher sind, dann ist es immer besser, die konservative Interpretation der Garderobe zu wählen. Gerade am Grab Ihrer Eltern möchten Sie doch keine Gedanken an Hahnentrittmuster und Außenwirkung verschwenden, sondern Ihre Trauer zum Ausdruck bringen – dies signalisieren Sie unter anderem auch durch schwarze Kleidung. Anlassbezogene Kleidervorschriften sind nicht dazu da, uns das Leben schwer zu machen, sondern um es uns zu erleichtern: Sie nehmen uns Entscheidungen ab und zeigen, dass wir uns nicht nur als Individuum, sondern auch als Teil einer Gemeinschaft verstehen. Und was Verkäuferinnen angeht: Manche sind qualifiziert und haben ein gutes Auge, sie alle haben jedoch naturgemäß andere Prioritäten als Sie.

———

Wie kann man sich stilvoll auf das Ende der Zeiten vorbereiten – entweder auf den sicher bevorstehenden Weltuntergang oder die eigene Sterblichkeit? Christopher B., Schlieren

Nun, das mit dem Weltuntergang ist so eine Sache; bislang ist er immer ausgefallen. Dabei mangelt es nicht an aktuellen Szenarien: Die Onlinepessimisten erwarten einen Asteroideneinschlag Ende September, möglich wäre auch der Übertritt in eine erhöhte Frequenz in die vierte oder fünfte Dimension (die Erklärung habe ich leider nicht verstanden). Doch wie begegnet man diesem Szenario mit Stil? Sollte das Ende überraschend schnell kommen, dann brauchen Sie keine besondere Kleidung; wird es lang und quälend mit Zwischenstationen im Bunker, dann empfehlen Panic-Room-Profis Outdoor- oder Armeekleidung. Da Militaria-Anleihen schon länger en vogue sind, könnten Sie dem Ende etwa mit einem lässigen Army-Parka oder einer Multifunktionsweste von Ann Demeulemeester in Schwarz (ca. 500 Franken) entgegensehen; beides lässt sich gut mit einem selbst hergestellten Aluhut gegen Strahlungen jeglicher Art kombinieren. Ich bin jedoch kein großer Fan davon, den Look auf die eigene Sterblichkeit abzustimmen: Das eigene Ende kann in der nächsten Stunde stattfinden oder auch in fünfzig Jahren; da ist es praktischer, sich am Wetterbericht zu orientieren, der ist nämlich präzise.

Mein Mann und ich sind zu der Trauerfeier eines guten Freundes meines verstorbenen Schwiegervaters eingeladen. Ich habe ihn nie kennengelernt und deshalb folgende Stilfrage: Kann ich nun anstelle der klassischen Trauerkleidung auch ein elegantes rotes Kleid tragen? Und wenn ja, passen schwarze Nylonstrümpfe plus schwarze Pumps trotz sommerlicher Temperaturen dazu? Lili L., Lugano

Liebe Lili, ich hoffe, dass Sie diese Botschaft vor der Trauerfeier erreicht: Tun Sie es bitte nicht, es sei denn, Sie möchten bei den Hinterbliebenen als die manische Frau am Grab in Erinnerung bleiben. Ob Sie den Mann persönlich kannten oder nicht, ist dabei völlig unerheblich – schwarze Kleidung ist ein Symbol der Trauer, Rot signalisiert Freude und Lebendigkeit; obendrein belegen zahlreiche Studien, dass Männer Frauen in roter Kleidung heißer finden als in anderen Farben. Sie haben Ihr rotes Kleid doch bestimmt schon mal getragen und die Erfahrung gemacht: Jeder schaut hin. Und das auf einer Beerdigung? Das ist ein Affront gegen die Trauernden, da können die Pumps nichts mehr rausholen. Und um die Nylonstrümpfe kommen Sie ohnehin nicht herum. Halten Sie es also klassisch schwarz. Und das elegante rote Kleid holen Sie raus, wenn Sie mit Ihrem Mann abends zu zweit essen gehen. Ich bin mir sicher, er wird es zu schätzen wissen.

———————

Ich heirate bald und würde gerne meinen Namen behalten. Er ist Teil meiner Identität und die Verbindung zu meinem verstorbenen Vater. Doch ich befürchte die Reaktion von Verwandten und Freunden. Ist es okay, in einer Ehe zwei verschiedene Nachnamen zu haben? Marisia K., Zürich

Liebe Marisia, wir bei »Hat das Stil?« stehen den Forderungen des heutigen Feminismus skeptisch gegenüber, doch weibliche Selbstbestimmung ist eine zeitlose Tugend. Diese muss man sich allerdings erkämpfen, und die Folgen selbst ertragen; das ist natürlich anstrengender, als sich auf Twitter über die Männer zu beschweren. Der Name nach der Hochzeit ist solch ein Thema; immerhin nehmen 72 Prozent aller Frauen bei der Eheschließung noch den Namen ihres Mannes an. Wenn die Bräute den Nachnamen des Mannes lieber mögen: Glückwunsch! Doch Sie hängen an Ihrem Namen, berechtigterweise sehen Sie ihn als Teil Ihrer Identität. Er ist ein so fundamentaler Baustein Ihres Lebens, dass Sie hier keine leichtfertige Entscheidung treffen sollten. Die – vermutete! – schlechte Laune der Verwandtschaft ist kein triftiger Grund, darauf zu verzichten. Gehen Sie nicht den Weg des geringsten Widerstandes, versuchen Sie gar nicht erst, es allen recht zu machen; das macht unglücklich und müde. Und was den Alltag als Familie mit verschiedenen Nachnamen angeht: Aus eigener Erfahrung kann ich Ihnen versichern, dass das überhaupt kein Problem ist.

Im Februar soll der Junggesellinnenabschied einer Freundin stattfinden. Wir möchten auf keinen Fall eine peinliche Aktion in der Fußgängerzone veranstalten, die Braut ist nicht so der Partytyp. Ist das überhaupt möglich? Flurina H., per Facebook

Liebe Flurina, Sie wollen also nicht im Hasenkostüm Küsse an erkältete Touristen verkaufen? Ein morgendlicher Brummschädel sowie der Verlust der Muttersprache sind ebenfalls kein lang gehegter Wunsch? Verständlich. Da Sie mit diesem Wunsch nicht alleine dastehen, hat die Junggesellinnenabschiedsindustrie zahlreiche Ideen entwickelt. Dazu zählen, je nach Budget: ein Kochkurs, eine Weinverkostung, ein Tag im Spa, eine Rallye durch Paris, Madrid, Amsterdam, ein Dinner im Dunkeln, ein Tag Tierpfleger, Schneeschuhwandern, und, und, und. So weit kein Problem. Allerdings finde ich, dass die allgemeine Peinlichkeitsvermeidung mittlerweile schon fundamentalistische Züge angenommen hat, man gilt ja schon als verhaltensauffällig, wenn man in einem roten Pullover zur Arbeit geht. Darum darf man beim Junggesellinnenabschied schon ein wenig auf den Tisch hauen, etwas Alkohol und Unterhaltungen mit Fremden sollten schon drin sein. Statt Küsse könnten Sie etwas nettes selbst Gebackenes verkaufen und Karaoke ist nicht ohne Grund der Klassiker der albernen Abendunterhaltung (aber nichts von Abba oder Britney Spears singen, das geht nämlich immer schief).

In meinem Elternhaus wurde für jedes Stück Kuchen ein kleines Tischtuch ausgelegt. Nun heiratet unsere Tochter in Griechenland, ein traumhafter Ort, die Tische sind aus verwaschen-silbrigem Teakholz. Nun möchte sie auf Tischtücher verzichten. Ich finde die Tische auch sehr schön, komme aber in Konflikt mit meiner Erziehung. Johanna W., ohne Ort

Liebe Johanna, es gibt einen Satz, mit dem man Menschen sehr effektiv in die innere Emigration schicken kann, und der beginnt mit: »Wir haben früher ja immer …« Denn jetzt folgt etwas, was den Gesprächspartner bestenfalls langweilt und schlimmstenfalls dazu verleitet, das Gegenteil zu unternehmen. In Ihrem Fall bedeutet das: Sie sind mit Tischtüchern erzogen worden, nach Ihrem Dafürhalten ist es der bessere Weg. Doch in dieser Angelegenheit ist Ihre Meinung nicht maßgeblich. Es ist die Hochzeit Ihrer Tochter, sie und ihr Mann geben die Marschlinien vor: Wenn sie keine Tischtücher wollen, dann gibt es keine Tischtücher. Sie können in der Zwischenzeit zur (Schwieger-)Mutter des Jahres avancieren: Lassen Sie Ihre Tochter gewähren, verzichten Sie auf schlaue Tipps, bestenfalls zahlen Sie die Rechnung für das Teakholz-Idyll. Glauben Sie mir, das lohnt sich: Die Chancen, dass Ihre Tochter bei den eigenen Kindern auf

Tischtücher pochen wird, sind gar nicht so schlecht. Halten Sie durch und freuen Sie sich auf Ihren Lebensabend, dann können Sie beobachten, wie die Emanzipationsbewegungen Ihrer Tochter abklingen und sich ins Gegenteil verkehren. Da sind Menschen nicht anders als Lachse: Zum Laichen kehren sie alle zurück.

Zu meinem Geburtstag lade ich meine engen Freunde in ein Gourmet-Restaurant in meiner Heimat Innsbruck ein; ich selber werde aus der Schweiz anreisen. Meine Frage: Ich bin eine Ästhetin – wie kann ich meine Freunde daran erinnern, dass ich es schön fände, wenn sie für meine Feier ihre eleganteren Kleidungsstücke den praktischen vorziehen. Geht das ohne Druck? Sabine H., Zug

Liebe Sabine, ich würde auf die unterschätzte Magie der Einladung setzen – sie ist so etwas wie das Poster für einen Kinofilm: Sie setzt die Stimmung und vermittelt den Gästen, worauf sie sich einlassen. Lassen Sie die Einladung so elegant wie möglich aussehen: Post statt Mail, Tinte statt Kuli, Papeterie statt Bürobedarf. Je länger Sie die Einladung im Voraus losschicken, desto mehr Gewicht bekommt der Termin. Da Ihre Freunde ja kultivierte Menschen sind, können sie sich auch anhand des Restaurants ausrechnen, dass es an der Zeit ist, das Cocktailkleid aus dem Schrank zu holen. Sie könnten Ihrer engsten Freundin noch einmal beiläufig erklären, dass Sie sich so auf den Abend freuen, und mit ihr besprechen, was Sie anziehen möchten – auch das wird sie davon abhalten, in Funktionskleidung im Haubenrestaurant aufzuschlagen. Zu guter Letzt: Sie können den Look Ihrer Gäste nicht kontrollieren, ohne dass es auf der anderen Seite zu Missstimmung kommt – lassen Sie einfach los. Möglicherweise wird Ihre liebe Grundschulfreundin Astrid ihr berüchtigtes Zu-eng-und-zu-Kurz tragen; vergessen Sie's. Sie sehen fantastisch aus, das ist das Einzige, was an Ihrem Geburtstag zählt.

Meine Frau und ich sind bei Freunden zur Feier der goldenen Hochzeit eingeladen. Selbstverständlich bringen wir ein Geschenk und gute Wünsche mit. Ist es völlig stillos, zu diesem Anlass zu gratulieren? Albert R., St. Gallen

Lieber Albert, ich konnte nur eine sehr alte Statistik ausgraben, der zufolge ein (!) Prozent aller Ehepaare bis zur goldenen Hochzeit durchhält. Und auch ohne genaue Zahlen finde ich, dass das eine Lebensleistung ist, so lange mit einem Menschen zusammenzubleiben. Manchmal ähnelt die Ehe einer Dschungelprüfung, dann erscheint es einfacher, zu gehen und einen Schlussstrich zu ziehen, als sich zum zehnten Mal darüber zu streiten, wie viel Salz ins Nudelwasser gehört. 50 Jahre Ehe, das ist für mich ein Akt der Reife, des gelungenen Erwartungsmanagements und der Loyalität. Gratulieren Sie unbedingt, und bitte richten Sie den Jubilaren aus, dass ich sie sehr, sehr bewundere.

Immer wieder sehe ich, dass Frauen ihren Verlobungsring und ihren Ehering übereinander tragen – hat das Stil, so viel Bling-Bling an einem Finger zu positionieren? Martina O., Rapperswil

Liebe Martina, auch ich bekam kürzlich von einer Braut zwei Ringe an einer manikürten Hand zwecks Bewunderung unter die Nase gehalten, ich überlegte kurz, ob ich eine Sonnenfinsternis-Brille brauchen würde, um nicht zu erblinden. Aber dann sah ich in die Augen dieser Frau, und mir wurde klar, wie stolz sie darauf war, das ganze Programm durchgespielt zu haben: wohlhabenden Mann in sich verliebt machen, Verlobung, Heirat, das ist ja auch nicht ganz ohne. In diesem Sinne: Ich finde es völlig angemessen, ein bisschen mit Verlobungs- und Eheringen anzugeben, wir müssen es ja nicht so weit wie die statusbewussten Amerikaner treiben, wo die Größe des Einkommens des Mannes gut sichtbar mit der des Klunkers korreliert. Rein modisch betrachtet ist es sogar erwünscht, die beiden Ringe miteinander zu kombinieren, viele Modelle sind ja darauf ausgerichtet, dass man sie ineinandersteckt. Doch man kann auch wild durcheinander kombinieren, einen antiken Verlobungsring mit einem schlichten Ehering. Ich finde, das sieht besser aus, als den Ehering an der linken und den Verlobungsring an der rechten Hand zu tragen; und sogar die Duchess schiebt gelegentlich ihren berühmten Verlobungsring über den schlichten Ehering. Wichtig ist dabei eigentlich nur eines: dass der Verlobungsring über dem Ehering getragen wird – um ihn vor Verlust zu schützen. Und das, obwohl der Verlobungsring oft wesentlich teurer war als der Ehering. Ob das die erste Stufe von »sich nicht mehr anstrengen müssen« ist?

Wir sind mit unserem Sohn und seiner Frau zu einer Hochzeit mit anschließendem Empfang eingeladen. Doch als er sich mit seiner Familie per E-Mail anmeldete und erwähnte, dass seine kleine Tochter sich sehr auf »die Prinzessin im weißen Kleid« freue, war die Antwort ernüchternd: Es seien nur Erwachsene zum Empfang eingeladen. Unsere Vorfreude ist auf dem Nullpunkt. Darf man Hochzeitsempfänge ohne Kinder geben? Traudl D., per Facebook

Liebe Traudl, ja, eine Hochzeit ist ein Familienfest, idealerweise umringen vier Generationen die Hochzeitstorte, die Erinnerungen an die gute alte Zeit gegen Snapchat-Updates tauschen. Aber das Leben ist wild: Manche Paare möchten sich gerne auf einem Parabelflug das Ja-Wort geben, andere im Batman-Kostüm. Das muss man respektieren, auch wenn man es selber anders machen würde: Das Hochzeitsfest gehört dem Paar. Und wenn die Brautleute ohne Kinder feiern wollen, dann feiern sie eben ohne Kinder. Manchmal eignet sich der Ort nicht, manchmal ist kein Kinderprogramm gewünscht. Bei einer Landhochzeit wäre es merkwürdig, ohne Kinder zu feiern, bei einem Sektempfang nach der Trauung kann ich das eher nachvollziehen, würde das allerdings schon in der Einladung festhalten. Vielleicht wünschen sich die Brautleute einen glamourösen Empfang, erfahrungsgemäß ist es ja so, dass Eltern mit Kindern immer halbwegs nüchtern bleiben, in flachen Schuhen hinter ihren Kleinkindern herwieseln und dann auch noch früher nach Hause müssen. Abgesehen davon dient der Empfang meist zum Anstoßen und zur Gratulation des Paares, für Kinder ist das – ebenso wie die Zeremonie in der Kirche – eher anstrengend. Bleiben Sie souverän und gehen Sie bitte mit Ihrem Sohn zu der Feier; geschlossen nicht zu einer Einladung zu erscheinen, das ist wesentlich schlechterer Stil, als ein Erwachsenenfest zu planen.

————————

Ich möchte meinen 32. Geburtstag in meinem Lieblingsrestaurant feiern, bedauerlicherweise ist es teuer. Gerne würde ich meine fünf besten Freunde dabeihaben und sie auf die Getränke einladen. Hat das Stil oder sollte ich eine Nummer kleiner feiern? Gabi F., Lausanne

Liebe Gabi, wenn man schon über einen Abend bestimmen darf, dann ja wohl am Geburtstag. Also los. Als Erstes: bitte keine Sorgen machen. Wenn Sie Ihren Freunden Ihren Plan rechtzeitig mitteilen, haben diese ja die Möglichkeit, Probleme anzusprechen oder aus dem Dinner auszuscheren. Meistens freuen sich ja sowieso alle, endlich mal wieder um einen Tisch vereint zu sein. Sie könnten Ihre Freunde auch bitten, auf Geschenke zu verzichten, weil es Ihnen eben am Herzen liegt, gemeinsam in diesem bestimmten Restaurant zu feiern. Vermutlich sind die sogar erleichtert, sich keine Gedanken machen zu müssen. Aber auch so finde ich eine Getränkeeinladung völlig okay. Eine Ausnahme würde ich nur machen, wenn sich einer Ihrer Freunde die Einladung wirklich nicht leisten könnte – dann könnten Sie ihn diskret zum Essen mit einladen.

Ich werde im April 40, und darauf freue ich mich nicht besonders. Auch habe ich keine Lust auf eine Party oder große Feier. Trotzdem möchte ich mich nicht verkriechen – gibt es eine besondere Art, mit Freunden den Geburtstag zu feiern? Selma O., per Facebook

Liebe Selma, ich stehe in diesem Jahr vor dem gleichen Problem wie Sie, und, glauben Sie mir: Jeder Plan ist besser als gar keiner. Reden Sie sich jetzt nicht ein, dass der Geburtstag ein ähnliches Feier-Fake ist wie Silvester, und überlegen Sie, was Ihnen am meisten Freude bereiten würde. Wenn es eine Gelegenheit gibt, sich selbst in seiner ganzen Glorie hochleben zu lassen, dann ja wohl jetzt: Sie könnten in eine andere Stadt fahren und sich in einem Hotel einbuchen, das eigentlich viel zu teuer für Sie ist. Sie könnten Ihre engsten Freundinnen in ein Restaurant einladen oder zu Hause bekochen, ich denke ja darüber nach, einen japanischen Koch zu engagieren. Je nach Kontostand käme auch eine fancy Almhütte infrage. Doch egal was Sie tun: Halten Sie sich nicht damit auf, sich mit Bilanzen runterzuziehen. Gerade für Frauen ist der 40. Geburtstag immer ein bisschen schwierig, dabei ist 40 doch schon lange das neue 30. Außerdem hat man im Jahrzehnt zwischen 40 und 50 endlich die leidige Kinderfrage geklärt und kann sich mehr oder weniger in Ruhe mit sich selbst beschäftigen – ich ernenne es hiermit zur neuen Primetime der Frauenbiografie.

———

Der Cousin meines Mannes schrieb uns, warum er uns nicht zu seiner Hochzeit einladen kann. Wir sind irritiert, obwohl wir nie mit einer Einladung gerechnet haben, da es seit Jahren keinen Kontakt gibt. Wie sollen wir reagieren? Carolin H., per Facebook

Liebe Carolin, Karl Marx und Ozzy Osbourne waren sich einig: Der Weg zur Hölle ist mit guten Vorsätzen gepflastert. Das gilt auch hier – es war gut gemeint, aber taktisch etwas ungeschickt, Sie ausführlich darüber zu informieren, wie genau Sie und Ihr Mann zum sozialen Kollateralschaden des Hochzeitsfests wurden. Tja. Nehmen Sie es sich nicht zu Herzen, beantworten Sie den Brief und gratulieren Sie ihm zur Hochzeit. Im Umgang mit kleineren Nackenschlägen ist ein gerader Rücken und halbwegs überzeugendes Lächeln die einfachste Lösung.

———

Nach fast zwanzig Jahren haben mein Mann und ich heimlich geheiratet; dann haben wir unsere Verwandten und Freunde mit einer Karte von unserer kleinen Hochzeitsreise überrascht. Diese waren empört: Wir seien stillos und geizig, und warum man sie nicht eingeladen habe. Doch gehört der Tag nicht uns? Maria S., Rapperswil

Liebe Maria, die Ehe hat sich in den letzten Jahrzehnten in eine Lifestyle-Option verwandelt: Die Notwendigkeit der öffentlichen Anerkennung wurde abgewertet, die romantische Vision in den Vordergrund gestellt. Da liegt auch das Problem Ihrer Freunde: Sie haben aus persönlichen Motiven geheiratet, Ihr Freundeskreis hat da nichts zu melden. Das mag nachvollziehbar und zeitgemäß sein (besonders, wenn man eh schon seit Jahrzehnten ein Paar ist), dass dieser Weg jedoch Menschen mit traditionelleren Vorstellungen vor den Kopf stößt, müssen Sie leider mit einkalkulieren. Ich finde es jedoch kränkender, dass Ihre Freunde derart ausfällig geworden sind: Bei aller Kränkung über die rauen Ellenbogen des Zeitgeistes sollte man seinen Freunden nett gratulieren; jemandem geizig und stillos zu nennen spricht auch nicht gerade für Großherzigkeit.

———————

Ich werde bald auf ein Hochzeitsfest gehen und möchte mich festlich, aber nicht bodenlang kleiden. Beim Herumgoogeln fand ich viele schöne Kleider, doch das vorherrschende Material ist Polyester. Wo finde ich Festkleider aus natürlichen Materialien? Nicoletta D., Basel

Liebe Nicoletta, Sie haben recht, gerade bei festlicher Mode greifen auch teurere Labels auf seltsame Polyesterstoffe zurück; allerdings ist es möglich, schöne und gute Mode im Internet zu finden. Designerkleider aus hochwertigeren Materialien finden Sie bei Net-a-porter, es gibt dazu auch ein bezahlbares Outlet, das sinnigerweise the Outnet heißt.

Wählen Sie die Kategorie »Wedding Guest Dresses«, sortieren Sie diese nach Preisen, dann kommen Sie bei Mikael Aghal wieder raus. Oder schauen Sie sich die wilden Seidenprints des österreichischen Labels An An Londree auf thewearness.com an, die unter fairen Bedingungen und mit großer Sorgfalt hergestellt werden, dann haben Sie etwas fürs Leben, fürs Karma und sehen auf der Hochzeit auch noch super aus. Ich habe ja den Ehrgeiz entwickelt, so viel wie möglich secondhand zu kaufen, da hilft die französische Plattform Collective Vestiare, allerdings kann man die Dinge dort nicht zurückgeben, also gut maßnehmen und die Besitzerinnen mit Fragen löchern. Sie könnten auch todesmutig das Haus verlassen und zum Öko-Concept-Store »Royal Blush« in Basel gehen, dort finden Sie Kleider von »Lanius« und umweltverträgliche Accessoires, mit denen Sie einem Kleid aus Ihrem Bestand ein neues Leben einhauchen können.

Mein Mann und ich planen eine Feier, die Gäste müssen nur die Übernachtungskosten bezahlen. Doch einige Familienmitglieder haben Budget-Probleme, obwohl wir vergünstigte Übernachtungsmöglichkeiten organisiert haben. Hätten wir die Familie schonender darauf vorbereiten sollen? Michael M., Luzern

Lieber Michael, mittlerweile hat es sich eingebürgert, dass Menschen Hochzeiten oder Jubiläen veranstalten, die zwar eindeutig schöner gelegen sind als die Gardinenkneipe um die Ecke, aber von einem Großteil der Gäste eine weite Anreise und Übernachtung erfordern – und somit gleich ins Geld gehen. Das betrifft vor allem Familien mit Kindern, bei denen schnell Reisekosten mit vierstelligen Beträgen zusammenkommen. Wenn es nun aber der toskanische Pinienhain sein muss, dann müssen Sie entweder von vornherein damit rechnen, dass ein Teil der Gäste sich dieses Idyll nicht leisten kann, oder Alternativen anbieten, die wirklich günstig sind. Denn solange Sie die Kosten für die Übernachtung nicht tragen wollen, ist es eben keine wirkliche Einladung, sondern erfordert von Ihren Gästen gerne vier- bis fünfstellige Beträge; das kann man nicht erwarten. Jetzt müssen Sie überlegen, wie Sie dem Wohlstandsgefälle innerhalb Ihrer Familie begegnen wollen: Sie könnten anbieten, einen Teil der Übernachtungen zu zahlen, oder Sie müssen auf den weniger privilegierten Teil der Familie verzichten. Beides ist in Ordnung, ich möchte Sie jedoch darauf hinweisen, dass Vorfälle dieser Art der Stoff sind, aus dem Familienfehden entstehen.

Unser Sohn hat vor zwei Wochen seinen fünften Geburtstag gefeiert. Einer der Gäste feiert diese Woche seinen Geburtstag und hat unseren Sohn nicht eingeladen – in unserem türkischen Kulturkreis wäre das ein No-Go. Ist das stillos oder einfach Swissness? Rengin A., Zumikon

Liebe Rengin, natürlich ist es hart, wenn das eigene Kind irgendwo wider Erwarten nicht eingeladen wird; doch die Erwachsenenregel, dass jede Einladung eine Gegeneinladung mit sich zieht, ist nicht auf Kindergeburtstage anwendbar. Denn diese haben eben unterschiedliche Formate, manchmal dürfen alle Freunde kommen, manchmal legen die Eltern von vornherein eine Begrenzung fest; es kommt ja durchaus vor, dass es ihnen an Geld oder Nerven fehlt, um große Partys zu feiern. Die Gästeliste ist dann ein Ergebnis aus den Wünschen des Kindes und dem Versuch der

Eltern, den Horror »Kindergeburtstag« halbwegs schmerz-
frei zu verwalten. Daher würde ich Ihnen raten, das Ganze
nicht unnötig zu dramatisieren, indem Sie schweizerische
und türkische Sitten gegeneinander ausspielen. Mit dieser
Brille bekommen Sie nur schlechte Laune und manövrieren
sich (und Ihren Sohn) in eine Außenseiterposition. Es gehört zum Leben dazu, dass man es aushält, nicht eingeladen
zu sein – und dass man einen souveränen Umgang damit
findet. Ihr Sohn kann ja beim nächsten Geburtstag darauf
reagieren und das Kind nicht einladen, aber in der Regel
sind Kinder gut in der Lage, ihre Beziehungen untereinander selber zu kalibrieren.

Ich, 93, bekam kürzlich eine Einladung zu einem Fest mit
der Aufforderung, Pantoffeln mitzubringen. Da war ich etwas
schockiert, passen doch Schlappen nicht zum festlichen
Tenue. Kann man Gästen so was zumuten? Werner K., Basel

Lieber Werner, ich schreibe diese Kolumne seit fünf Jahren,
und ich denke, dass mir mittlerweile nichts Menschliches
mehr fremd ist. Bis ich Ihre Mail gelesen habe. Wer in aller
Welt fühlt sich bemüßigt, einem 93-Jährigen Hausschuhe
aufzunötigen? Wer ein Fest feiert, bei dem die Menschen
sich festlich kleiden, der muss auch den Umstand in Kauf
nehmen, dass diese mit Straßenschuhen in die Wohnung
kommen. Schuhe sind ein Teil des Outfits, mehr noch:
Schuhe sind Würde. Was für eine Stimmung soll denn auf-
kommen, wenn alle in ihren Filzslippern Champagner trinken und später schallgedämpft zu Bruno Mars tanzen? Eine
Party soll doch auch ein bisschen Lebenslust vermitteln, da
sind sowohl Socken als auch Hausschuhe kontraproduktiv.
Sie können also beruhigt ablehnen: Antworten Sie freund-

lich, dass Sie sich ohne Ihre Schuhe nackt fühlen, fertig. Das ist natürlich übertrieben, aber es nimmt dem Gastgeber den Wind aus den Segeln. Die einzige Ausnahme ist, wenn Sie in Japan oder bei einem Muslim zu Hause eingeladen sind, dann ist es selbstverständlich, sich dem Kulturkreis anzupassen.

Dieses Jahr feiere ich (34, m) mit meinem Büro Weihnachten. Eine Kollegin hat sich nun dafür starkgemacht, dass wir alle Weihnachtspullover anziehen, ähnlich wie in Bridget Jones. Abgesehen davon, dass ich so etwas gar nicht besitze, finde ich es auch stillos. Oder nicht? Stefan L., Bern

Lieber Stefan, die zunehmende Eventisierung jedes menschlichen Miteinanders bereitet mir Zahnweh. Kaum hat man haufenweise Trash-Süßigkeiten für Halloween gekauft, da steht Weihnachten an und man soll sich für eine harmlose Weihnachtsfeier lustig einkleiden, auch wenn man den Pullover das restliche Jahr nicht anziehen kann. Aus Scherz! Haha. Diese Konstellation kann ja nur dazu führen, dass man sich einen Weihnachtspullover für 19 Franken kauft, der irgendwo in China von Kinderhänden aus Drecksfasern zusammengestümpert wurde. Fast Fashion vergrößert das Unglück und den Müllberg auf der Welt, sie mindert das Vermögen und die Übersicht im Schrank. Und all das, damit man wie ein Depp im Elchpullover herumläuft. Das ist ja okay, wenn man im angloamerikanischen Kulturraum zu Hause ist, wo der Weihnachtspullover das modische Äquivalent zum Geschenkpapier ist. Aber in der Schweiz? Ich finde, man sollte sich diesem Wahnsinn widersetzen; außer natürlich, Sie möchten alternativ in einen Islandpullover investieren. Der ist warm, dauerhaft und sieht so gut aus, dass

Sie bis zu Ihrem Lebensende daran Freude haben werden. Mag ja sein, dass sich die Stimmung durch Weihnachtspullover bei einer Bürofeier verändert, aber gibt es dafür nicht Alkohol?

Dieses Jahr haben die Feierlichkeiten um Weihnachten wieder eine Menge Geschenke ins Haus gespült. Darf ich die unbrauchbaren Geschenke weiterverschenken? Und wenn ja, wie? Gisela G., Regensburg (D)

Liebe Gisela, ich stehe dem Geschenke-Tsunami auch nervös gegenüber, der jährlich über meine Familie und mich hinwegfegt und die Wohnung zum Überlaufen bringen wird. Darum habe ich dieses Jahr allen Menschen, von denen Blindgänger zu erwarten sind, genau erklärt, was wir uns wünschen. Dabei habe ich das jeweilige Fachgebiet des Schenkers miteinbezogen, damit das Ganze nicht nach Bestellformular aussieht. Doch wenn es für Prävention zu spät ist, dann hilft es nur, den Schaden zu begrenzen – und ja, Sie dürfen ungeliebte Geschenke weiterreichen. Angesichts des hohen Geschenkeaufkommens wäre es ja ein ökologischer und ökonomischer Wahnsinn, diese noch nicht einmal zu nutzen. Und ich bin auch sicher, dass jeder Schenker es bevorzugen würde, dass seine Gabe einem dritten Menschen Freude bereitet, anstatt dass sie im Keller oder gar im Müll verklappt wird. Darum sollten wir alle dafür sorgen, dass Weiterschenken entstigmatisiert wird – lassen Sie uns den internationalen Tag des geschenkten Geschenks einführen! Nur wenn wir die Dinge herumzirkulieren lassen, können sie ihren richtigen Besitzer finden. Doch solange der internationale Regifting-Day noch nicht steht, ist etwas Heimlichtuerei gefordert: Man sollte dem Schenker nur in Ausnahmefällen von der Weiterreise seines Präsents berichten.

Letztes Jahr schickte mir meine Nichte Weihnachtsgrüße als Rundbrief per SMS. Ich war entsetzt, aber vielleicht bin ich einfach nur alt? Etienne F., Zürich

Lieber Etienne, ich befürchte, nicht nur Sie, auch Ihre Nichte hat die 35 schon überschritten. Sonst würde sie Ihnen nicht per SMS, sondern via Snapchat ein frohes Fest wünschen, und dann wäre die Botschaft nicht nur digital, sondern auch noch nach kurzer Zeit automatisch gelöscht. Es könnte also noch schlimmer kommen! Und was die Lieblingslosigkeit der Kommunikation angeht, da denken wir kurz an Marshall McLuhan: Ja, das Medium ist die Message, das Handy, es ist kalt. Aber seien Sie froh, dass sie überhaupt an Sie gedacht hat, die Alternative wäre, gar nichts mehr voneinander zu hören. Schreiben Sie Ihr eine persönliche Karte, der einzige Weg, das Niveau hochzuhalten, ist, es selber zu tun.

Geschenkt – vom neuen Umgang mit Gaben zwischen Staubfängern und Geld

Die Unternehmensberatung Deloitte hat sich die Mühe gemacht und aufgeschlüsselt, wie die Schweizer aneinander vorbeischenken. Die begehrtesten Geschenke: Bargeld. Bücher. Urlaub. Die verschenktesten Geschenke: Bücher. Schokolade. Parfum. Das bestätigt, was man schon ahnte: Es ist gar nicht so leicht, ein passendes Geschenk zu finden – zum einen sind die Haushalte bis zum Anschlag ausgestattet, zum anderen befinden wir uns auf dem Höhepunkt des minimalistischen Wegwerftrends, den die japanische Organisationsberaterin Marie Kondo mit der Frage »Does it spark joy?« ausgelöst hat. Das Ende vom Lied kennen wir bereits: Selbst gut situierte Menschen wünschen sich plötzlich Geld oder sammeln an ihrem 60. Geburtstag für den lang gehegten Reisetraum. Doch gerade das Geldgeschenk stellt Schenker und Beschenkte vor Herausforderungen – Diskretion ist wichtig, schließlich will der Schenker ja keine Quittung einreichen, und das Geburtstagskind sollte sein Standing im Freundeskreis auch nicht am Kontoauszug ablesen können. Schenken muss also neu konzeptioniert werden. Regifting, also das Weiterverschenken, verliert ebenfalls sein Stigma, stattdessen ist diese Praxis ein zeitgemäßer Ansatz, um auf Ressourcenverschwendung und Konsumwahn zu reagieren. Dieser Umbruch mag schmerzhaft sein, ungewohnt, und doch lohnt es sich, Geschenke als Chance und nicht als Belastung zu betrachten.

Mir ist aufgefallen, dass Menschen mir immer häufiger Gebrauchsgegenstände aus ihrem Haushalt schenken. Auch ich habe schon (gute!) Babysachen unangekündigt an eine Freundin verschenkt. Doch mittlerweile frage ich mich – ist das übergriffig? Raja B., Winterthur

Liebe Raja, spätestens nachdem Marie Kondos Aufräumserie dafür gesorgt hat, dass die ersten Second-Hand-Läden in den USA aus allen Nähten platzen, wird jedem klar, dass wir nicht nur zu viele Dinge besitzen, sondern oft auch die falschen. Und mit Gegenständen ist es doch auch wie mit Menschen: Ein Mensch, der von den einen als langweilig und unscheinbar wahrgenommen wird, ist für einen anderen ein Sexgott. Das Gleiche kann doch für Leinenservietten, Babymützen oder Tassen gelten. Ich finde es legitim, diese Dinge in den allgemeinen Fluxus zurückzugeben, auf dass sie so lange herumzirkulieren, bis sie bei jemandem landen, der sich darüber freut. Denn das Verhältnis zur zweiten Hand hat sich ja ohnehin radikal verändert: Während secondhand vor 30 Jahren ein Zeichen von Armut war und man seine Kleidung lieber billig und neu gekauft hat, so ist das Weiterreichen dank Internet und Sharing Economy völlig normal geworden. Allerdings sollte man dabei zwei Regeln beachten: Man muss dem Beschenkten verdeutlichen, dass er das Geschenk bei Nichtgefallen ruhig weiterverschenken darf – und man sollte nicht gekränkt sein, sollte er das auch tatsächlich tun.

Meine Partnerin und ich sind zu einem 50. Geburtstag eines Freundes eingeladen. Auf der Einladung ist ausdrücklich vermerkt, dass kein Geschenk gewünscht wird. Bringt man nicht trotzdem (wenigstens) eine Kleinigkeit mit? Roland C., Zürich

Lieber Roland, die neue Einladungspolitik, die Gäste »les mains vides« einzuladen, kommt immer mehr in Mode. Die Gründe sind klar: Jahrelanger Wohlstand hat dazu geführt, dass wir alles haben, was wir brauchen, und das auch noch mehrfach. Mit dem Alter vertragen Wohnung und Gemüt einfach keine weiteren Doubletten mehr. Doch als gut erzogener Gast wie Sie tut man sich damit schwer, mit wortwörtlich leeren Händen auf einer Feier aufzukreuzen. Darum muss man von der Maximalforderung des Gastgebers abrücken und einen Weg finden, unerwünschten Krempel in eine elegante Geste zu überführen. Mir scheint ein unverbindliches Gastgeschenk ein guter Kompromiss, irgendetwas zwischen einem Blumenstrauß und einer Weinflasche. Beides hat einen niedrigen Verschandelungsfaktor, baut sich mehr oder minder von selber ab und stiftet ein wenig unaufgeregte Alltagsfreude. Nur bei der Übergabe sollten Sie ein wenig auf Diskretion achten – und zwar um die Gäste nicht zu beschämen, die die Bitte des Gastgebers anders interpretiert haben als Sie und tatsächlich nichts mitgebracht haben.

––––––––––––––

Mein Mann wurde 40 und wir feierten groß. Einer Freundin, die genau weiß, dass mein Mann ein Weinliebhaber ist, sagte ich, sie solle ihm Wein schenken. Zur Überraschung brachte sie einen Fusel für fünfzehn Franken … nichts gegen billigen Wein, aber zum 40. für einen Weinliebhaber erscheint mir fast wie eine Beleidigung. Oder wie sehen Sie das? Angela S., Zürich

Liebe Angela, ich bin mir nicht ganz sicher, woran Sie Ihren Ärger festmachen – daran, dass der Wein 15 Franken gekostet hat oder an seiner Fuseligkeit? Sich über den Preis zu erregen finde ich etwas stillos, zumal Preis und Qualität von Wein nur begrenzt miteinander zusammenhängen. Und vielleicht mochte die Freundin die Sorte, vielleicht hat sie zur Zeit weniger Geld, vielleicht hat sie keine (oder sehr viel) Ahnung von Wein, vielleicht hatte sie einen schlechten Tag und nur eilig ins Regal gegriffen – ich würde die Expertise Ihres Mannes jetzt nicht als Kontrastmittel dazu nutzen, um die Ignoranz der Schenkerin sichtbar zu machen. Natürlich war das jetzt nicht die große Kunst des Schenkens, aber passiv-aggressive Bösartigkeit würde ich hier nicht diagnostizieren. Machen Sie das Beste daraus, kochen Sie mit dem Wein ein Risotto oder einen Punsch. Und wenn Sie ein bisschen Zeit zum Nachdenken haben, dann fragen Sie sich ehrlich, warum Sie von der Freundin wirklich derart enttäuscht sind. Das können Sie dann auch besprechen, nur mit dem Wein würde ich nicht ankommen.

Zum Geburtstag hat meine Frau von einem Bekannten ein Kärtchen und als beigelegtes Geschenk Gutscheine eines Fachgeschäftes erhalten. Bei genauer Betrachtung hat es sich gezeigt, dass die Gutscheine vor geraumer Zeit ausgestellt wurden und längst abgelaufen sind. Soll ich ihn darauf ansprechen, oder ist das stillos? Urs S., Meilen

Lieber Urs, da ist Ihre Frau wohl Opfer eines Geschenk-Ringtausches geworden, auch Regifting genannt. Zugegebenermaßen habe ich das auch schon ein paar Mal gemacht, in der Regel mit Champagner, Handcreme oder Bestseller-Dubletten. Manche Gegenstände, wie etwa Mon Chéri, sind meiner Meinung nach extra dazu konzipiert, weiterverschenkt zu werden. Deshalb würde ich die Sache an Ihrer Stelle nicht zu hoch hängen und über den Faux-Pas Ihrer Bekannten hinwegsehen. Es lohnt sich nicht, wegen eines wertlosen

Geburtstagsgeschenkes Freundschaften zu strapazieren. Wir erinnern uns an die Worte von Michelle Obama: »When they go low, we go high« – klingt zwar ein bisschen nach Tanzstunde, führt aber trotzdem zu einem schöneren Teint.

––––––––––

Manchmal lade ich Gäste ein, die dann sagen, dass sie nichts mitbringen. Obwohl ich gar keine Geschenke erwarte, finde ich diese Anmerkung doof. Hat es Stil, dem etwas zu entgegnen, oder soll ich es auf sich beruhen lassen? Roger M., via Facebook

Lieber Roger, oh je, hier sprechen wir über das Phänomen der Rumpelfreunde, Menschen, die man eigentlich gerne hat, die einen aber mit ihren schlechten Manieren in den Wahnsinn treiben. Denn zu einer Einladung bringt man selbstverständlich etwas mit, sei es einen Rotwein, ein Marmeladenglas, eine Blume. Und wenn man zufällig kein Gastgeschenk dabeihaben sollte, dann sollte man stattdessen eine kleine Entschuldigung vorbringen, anstatt dummdreist darauf zu beharren, dass dies die neue Normalität ist. Natürlich geht es Ihnen als Gastgeber nicht darum, mithilfe Ihrer Gäste endlich wieder das Weinregal vollzukriegen, sondern darum, dass man Ihre Großzügigkeit anerkennt, egal in welcher Form. Sie sollten also etwas sagen, allerdings nicht während des Essens – als Gastgeber haben Sie die Aufgabe, dass Ihre Gäste sich wohlfühlen, und nur weil die sich nicht benehmen können, müssen Sie ja nicht Ihre gute Kinderstube über Bord werfen. Dann erklären Sie, warum Sie ein Problem mit der Ansage haben: Es geht nicht um das Geschenk, wohl aber um den Respekt. Das sollte reichen. Und wenn sich nicht so anstellen, dann muss er in Zukunft leider woanders rumpeln.

––––––––––

Mein Mann und ich sind zum 80. Geburtstag eines sehr wohlhabenden Paares eingeladen. Zum Geburtstag wünschen sie sich Geld für ihre nächste Reise. Wir sind befremdet und fragen uns, wie man sich hier verhalten soll. Juanita P., per Facebook

Liebe Juanita, Geldgeschenke haben Karriere gemacht. Früher wurden Umschläge vor allem an Hausangestellte verschenkt, später von der Oma an den Teenager, manchmal von den Eltern an ihr erwachsenes Kind – die Hierarchie ist jedenfalls klar. Nun aber sitzen wir alle überausgestattet in unseren Wohnungen und haben gelernt: Erfahrungen machen glücklich, nicht Krempel. Darauf haben auch Ihre Jubilare reagiert, und, da sind wir uns doch einig, es ist doch erfreulicher, sich eine Woche lang durch das Baskenland hindurchzuessen, als eine weitere Muranovase ins Regal zu sortieren. Aber ich kann Ihr Befremden verstehen, denn das Einfordern von Geld ist heikel – gerade bei wohlhabenden Gastgebern ist Fingerspitzengefühl gefragt. Um Kollisionen dieser Art zu vermeiden, ist es also wichtig, einen stilvollen Geschenkpaten zu ernennen, der das Geld diskret (diskret!) sammelt, dafür gibt es auch digitale Unterstützung, etwa von Paypal Moneypool oder leetchi.com. Es ist ja auch für das Geburtstagskind angenehmer, sein Standing im Freundeskreis nicht per Kontoauszug mitgeteilt zu bekommen. Sie können also den Stil (oder die fehlende Erfahrung) der Jubilare in dieser Situation bemängeln, man kann aber nicht einfordern, dass sie sich wegen ihres Reichtums auf Sachgeschenke oder Spenden für den guten Zweck beschränken.

Mein Mann und ich sind öfters bei wohlhabenden Freunden eingeladen. Was schenkt man Menschen, die sich alles leisten können, besonders wenn man selber nicht annähernd in der gleichen Liga spielt? Etwas Persönliches wie musikalische Darbietungen haben wir zwar schon ohne Imageschaden hinter uns gebracht, möchten es aber nicht bei jeder Gelegenheit wiederholen. Dominique R., Lugano

Liebe Dominique, ich finde Ihre Mail sympathisch, aber ich glaube, Sie machen sich zu viele Gedanken. Wohlhabende Menschen sind genau so interessiert daran wie jeder andere auch, ihre Zeit mit angenehmen, interessanten Freunden und Bekannten zu verbringen. Und nichts verpflichtet Sie dazu, das unterschiedliche Einkommensniveau mit besonderer Originalität auszugleichen. Schenken Sie Ihren wohlhabenden Freunden das Gleiche, dass sie auch Ihren anderen Freunden schenken würden. Ein Buch, das Sie beeindruckt hat, eine Konzertkarte für eine Band, die Ihnen gefällt, eine Platte, die Ihnen etwas bedeutet – was kann daran falsch sein? Letztendlich ist es doch umgedreht viel schwieriger: Reiche Menschen müssen aufpassen, ihre normal verdienende Freunde nicht mit ultrateuren Präsenten zu beschämen und unter Zugzwang zu setzen, auch wenn sie gerne großzügig wären.

Mein Mann und ich sind zu einem Geburtstag eingeladen. Die Jubilarin schreibt: »Das Zusammensein mit Euch bedeutet für mich Glück und ist das größte Geschenk, was ihr mir machen könnt. Kommt darum bitte ohne Gaben, dafür mit viel Freude auf einen besonderen Abend.« Sollen wir nun wirklich mit leeren Händen auftauchen? Susanna W., via Facebook

Liebe Susanna, ich kann die Haltung Ihrer Freundin gut nachvollziehen: Wir haben fast alles von allem, und das, was wir tatsächlich benötigen, ist meist so speziell, dass man es eigentlich nur selbst finden kann. Hinzu kommt, dass Kulturträger wie Platten, CDs oder Bücher auch gleichzeitig Konsumgegenstände geworden sind, die sehr schnell an Wert verlieren. Doch gerade feinfühlige Menschen spüren, dass Konsum- und Kulturebene einander widersprechen, und scheuen es, diese Dinge wieder aus dem Regal zu schaffen; so lagert sich jahrelanger Konsum irgendwann unschön in der Wohnung ab.

Doch gleichzeitig verbietet es unsere gute Erziehung, mit leeren Händen bei einer Einladung zu erscheinen; sogar dann, wenn die Gastgeberin glaubhaft vermittelt, sich nichts zu wünschen. Der einfachste Weg aus diesem Dilemma sind Geschenke, die Freude machen, aber keinen dauerhaften Platz beanspruchen: Blumen, Wein, Delikatessen. Das ist solide, aber nicht sehr originell. Sie könnten die Freundin im Gegenzug auch ausführen, in ein Konzert oder an einen besonderen Ort. Oder Sie legen mit Freunden zusammen und erfüllen der Gastgeberin einen größeren Wunsch: ein Kunstwerk (etwa von lumas) oder einen Designklassiker von Vitra (beides wird man im Notfall auch schnell wieder auf eBay los). Oder Sie gehen auf den Wunsch Ihrer Freundin ein, gemeinsam ein unvergessliches Fest zu feiern, und arrangieren einen professionellen Fotografen, der diesen Moment für sie festhält.

Freunde, Familie & Kinder

Ach, Kind müsste man heute sein – man würde in seinen grenzenlosen Nicht-Talenten gefördert, dürfte in Restaurants die Stühle umschmeißen und hätte dank Quetschie eine Himbeerpüree-Standleitung direkt in den Mund. Und auch für Eltern, besonders für Mütter, hat sich die Lage verbessert: Ein Baby bedeutet nicht mehr, dass man mit einer Fußfessel in seiner Wohnung gefangen ist, ein Kleinkind ist kein Grund mehr, um auf Restaurantbesuche zu verzichten. Doch die neuen selbstbewussten Eltern stoßen nur begrenzt auf Gegenliebe; zwar dürfen Kinder nicht mehr öffentlich zurechtgewiesen werden, die dazugehörigen Mütter schon. Es hat sich ein seltsamer und unnötiger Kleinkrieg im öffentlichen Raum entsponnen, eine Art Armdrücken, wer mehr Kraft, Chuzpe und Selbstüberzeugung hat, um im öffentlichen Raum den Ton zu setzen.

Die alte Schule erwartet Rücksicht auf das Allgemeinwohl und Respekt vor den Älteren, die Eltern (und vor allem Mütter) fühlen sich von der Gesellschaft allein gelassen, wenn es darum geht, in der Kinderfrage mehr Ressourcen als gute Tipps zur Verfügung zu stellen. Mit welcher Haltung sollten also Eltern und Kinder, Nicht-Eltern und Nicht-Kinder miteinander umgehen? Ein neuer Gesellschaftsvertrag muss her: Nicht gegen-, sondern miteinander kann die einzige Antwort auf die Frage sein, ob Kinder in Cafés gehören, Mütter sich zum Stillen hinter Topfpflanzen verstecken müssen und ob es nötig ist, mit Fahrradanhängern durch den Wochenmarkt zu spazieren.

Die Auswahl an Schulranzen ist erschreckend: Glitter, Military, Capt'n Sharky und Filly Fee. Gibt es überhaupt einigermaßen schlichte Ranzen und hat es überhaupt Stil, meinem Kind meinen Geschmack aufzudrängen? Regula T., Zürich

Liebe Regula, angesichts der Muster, Farbkombinationen und Applikationen heutiger Schulranzen überrascht mich die steigende Zahl der ADHS-Diagnosen überhaupt nicht, und auch ich habe neulich beim Kauf eines Schulranzens beinahe die Nerven verloren. Es gibt aber nur einen Weg: aus dem Haufen grauenvoller Schulranzen das am wenigsten grauenvolle Modell herauszusuchen und es dem Kind sanft zuzuspielen. Das geht am besten, indem man das Ergonomiegequatsche des Verkäufers ignoriert und irgendetwas halbwegs Erträgliches aus dem Stapel zieht – das gibt es auch von den gängigen Marken, versprochen. Im Moment sind Ergobags groß in Mode, sie sind ein guter Kompromiss zwischen Kinder- und Erwachsenenansprüchen, außerdem kann man sie mit Klett-Elementen personalisieren. Und natürlich gibt es mittlerweile auch schlichte Designerschulranzen ohne Glitzer-Firlefanz, etwa von Der Kundschafter. Doch das ist meiner Auffassung nach nicht die Lösung: Kindern den eigenen Geschmack aufzuzwingen, führt doch nur dazu, dass sie erst gehänselt werden und mit fünfzehn mit einem Tribal-Tattoo nach Hause kommen.

Ich habe von meiner Mutter meine alten Pippi-Langstrumpf-Bücher geschenkt bekommen, der Südseekönig ist dort noch ein Neger. Kann man das Kindern so vorlesen? Laura A., Genf

Liebe Laura, natürlich können Sie beim Vorlesen den Negerkönig in einen Südseekönig umformulieren, das klingt elegant und fällt sprachlich auch nicht heraus. Doch das Problem an Pippis Reise ins Taka-Tuka-Land ist meiner Auffassung nach weniger das N-Wort als die Darstellung von Schwarzen, die als Naturvolk auf einer Insel leben und so wenig auf die Kette kriegen, dass sie von einem dicken weißen Mann beziehungsweise seiner schludrigen Tochter organisiert werden müssen. Ist Astrid Lindgren also eine Rassistin, im Falle der mutigen und starken Pippi Langstrumpf: eine feministische Rassistin? Sie sehen, das ergibt überhaupt keinen Sinn. Da ist es doch viel klüger, die Autorin als Kind ihrer Zeit einzuordnen: als ein hellsichtiger Ausnahmemensch, der sehr vieles besser gemacht hat als die übrigen Zeitgenossen, aber eben auch limitiert war.

Darum finde ich es okay, die alte Version zu belassen und dem Kind zu erklären, was es damit auf sich hat: dass »Neger« heute ein verletzendes Wort ist und nicht mehr benutzt werden darf, aber dass es in der Vergangenheit eben eine andere Sichtweise auf Schwarze und Weiße, Männer und Frauen gab. Es ist möglich, Kindern diese Unterschiede zu vermitteln und sie für Sprache und anderer Menschen Gefühle zu sensibilisieren. Es bedarf nur wesentlich mehr Mühe, Gedanken und Zeit, als einfach nur ein Wort auszutauschen.

Zum zehnten Geburtstag meines Patenkindes waren mein Mann und ich mit den Großeltern und Familie zu Kaffee und Kuchen eingeladen. Die Einladung war terminiert von 15:00 bis 17:00, wir kennen das nur von Kinderpartys. Für uns hatte es den Beigeschmack von Geschenk abgeben und bald wieder gehen. Gert B., Liestal

Lieber Gert, mir erscheint dieses, nun ja, Zeitfenster auch etwas ungewöhnlich, aber ich kann mir vorstellen, dass dahinter eine andere Absicht steckt, als mit möglichst wenig Aufwand Geschenke fürs Kind einzukassieren. Als sturmerprobte Mutter kann ich Ihnen nämlich versichern: L'Enfer, c'est sont Kindergeburtstage; besonders dann, wenn man nicht nur ein Event für die Kinder, sondern noch einen zusätzlichen Termin für die Familie ausrichten muss; sicher gelangen wir bald an den Punkt, an dem Kinder ihre Geburtstage drei Tage lang feiern, ähnlich wie die Queen. Vielleicht sind die Eltern also einfach nur so am Ende, dass sie nicht mehr die Kraft für einen langen Abend haben und deshalb etwas undiplomatisch darauf hingewiesen haben, dass um 17 Uhr Schluss ist. Wie Sie kann ich nur spekulieren, aber ich versichere Ihnen, dass Geschenke bei Kindergeburtstagen so inflationär sind, dass sie bestimmt nicht zum Motiv werden, irgendwelche Feiern auszurichten. Auch wenn die Feier schon vorbei ist, würde ich Ihnen vorschlagen, die Eltern noch mal anzurufen und sich zu erkundigen, ob dort gerade alles in Ordnung ist. Sie könnten auch anbieten, etwas mit dem Kind zu unternehmen. Das nimmt den Geschenken den Charakter des Ablasshandels, ist besser für Sie, das Kind und die Eltern freut es garantiert auch.

Meine Freundin ist schwanger. Darf ich in Ihrer Gegenwart noch Alkohol trinken? Karl N., Schwyz

Solange Sie nicht für zwei trinken: ja, absolut. Ihre Freundin ist schwanger und voller Wahnsinnshormone, das bedeutet, dass wenigstens einer einen kühlen Kopf behalten muss. Sie, lieber Karl. Lassen Sie sich bitte nicht dazu hinreißen, eine Herrenschwangerschaft hinzulegen: Gewichtszunahme (der

Durchschnittsvater nimmt vier Kilo während der Schwangerschaft zu), Testosteronschwund, Rührseligkeit; wenn Sie überhaupt nicht mehr Ernst genommen werden wollen, dann ist der Ausruf »Wir sind schwanger!« ein guter Weg. Und auch wenn es der Weg des geringsten Widerstands sein mag, sich den Wünschen Ihrer Freundin anzupassen: Damit ist der erste Weg zur Schwangerschaftsdiktatur gegeben, und bald müssen Sie mitten in der Nacht zur Tankstelle eilen, um Erdnussflips mit Chiligeschmack zu besorgen. Entspannen Sie sich, trinken Sie Ihren Wein, Ihr Bier; Sie helfen Ihrer Partnerin mehr, wenn Sie Ihre Identität behalten, deswegen hat sie Sie ja auch als Vater gewählt. Prost und Ihnen beide alles Gute!

――――――――――

Freunde von uns haben Kinder und laden uns jedes Jahr zum Nikolaus ein. Dabei werden mit viel Aplomb ein Nikolaus und weitere Nebenfiguren engagiert. Nun sind die Kinder größer, trotzdem wurden wir gebeten, weiterhin »mitzuspielen«. Ist das nicht albern? Alberta G., Zofingen

Liebe Alberta, ich bin ja beeindruckt, wenn überhaupt noch ein Kind an den Nikolaus, das Christkind oder den Weihnachtsmann glauben kann. Gerade Letzterer verkauft bei uns im Viertel Obdachlosenzeitschriften, da fällt es schwer, dem Kind vorzugaukeln, dass nun gerade dieser arme Teufel der Lieferant unendlicher Geschenkemengen sein soll. Darum sollten Sie das Spiel unbedingt mitspielen, auch auf die Gefahr hin, dass Sie eine etwas hüftsteife Performance abgeben. In unserer aufgeklärten, durchoptimierten Gegenwart ist es doch schön, sich etwas Magie zu erhalten, und die eine oder andere atmosphärische Lüge gehört doch zu Weihnachten wie der Schmuck am Baum. Apropos: Gerade als Gast ist man ja auch für das angenehme Raumklima zuständig, das sollte man auch nicht vergessen.

Neulich war ich mit Mann und Kind am Sonntagnachmittag auf einem rappelvollen Spielplatz in einem jener Quartiere, in denen überwiegend gut verdienende, mitteljunge Kreative leben. Ein Paar mit Kleinkind fiel uns dabei aber besonders auf: beide chic, eine Flasche Bier in der Hand. Hat das Stil? Eva B., per Facebook

Liebe Eva, ich kenne die bleischwere Langeweile, die sich auf Spielplätzen bei Erwachsenen einstellt – in Filmen ist das der Moment, in dem der attraktive Singlevater unvermittelt am Klettergerüst auftaucht, im wahren Leben bildet man Selbsthilfegruppen mit Frauen, mit denen man außerhalb des Sandkastens kein Wort wechseln würde. Darum habe ich für jede Form des Selbsterhalts (Kaffee, Lästern, Smartphone, innere Emigration) Verständnis. Und ich mag es auch nicht, ständig auf die Vorbildfunktion gegenüber Kindern zu pochen, es reicht ja schon, ein halbwegs normaler Mensch zu sein. Aber ich habe wenig Sympathie für Menschen, die ihrem postpubertären Bedürfnis nach Flaschenbier auf dem Spielplatz nachkommen. Die gute Kleidung lässt darauf schließen, dass es hier um ein Statement geht und darum, jene Eltern zu trollen, die sich um Haltung bemühen und ihrem Alkoholkonsum in den eigenen vier Wänden nachgehen.

Meine dreijährige Tochter hat zum Geburtstag ein teures Kleid von Bonpoint bekommen, das im Camouflage-Muster gehalten ist. Obwohl mir Farbe und Schnitt gefällt, bin ich unsicher: Dass Krieg modisch ist, kann ja wohl kaum die richtige Botschaft sein? Maren S., Basel

Liebe Maren, erst einmal vorneweg: Ich glaube nicht daran, dass man Kindern ständig die richtigen Botschaften überbringen muss – leben Sie Ihr eigenes Leben so anständig wie möglich, das muss als moralisches Rüstzeug für den Nachwuchs reichen. Und auch was das Kleid angeht, bin ich unbesorgt – vieles, was heute selbstverständlich und friedlich in unserem Kleiderschrank ruht, stammt ursprünglich aus dem Militär. Der Trenchcoat ist nach dem Schützengraben benannt, aus dem er herausgeklettert ist, die Bomberjacke bedarf auch keiner weiteren Erklärung, Khakis, weiße T-Shirts, DocMartens, sogar die gottverdammte Krawatte stammt aus dem Dreißigjährigen Krieg. Diese Dinge sind mittlerweile völlig unpolitisch, und so ist es auch dem Camouflagemuster ergangen: Gerade in der Damenmode wird dieser Print seit Jahren verwurstet, weil er mit Kampf und Stärke und heldenhaften Missionen assoziiert wird, das passt gut zu Seide und Kleidern und High Heels. Machen Sie sich keine Sorgen um die pazifistische Gesinnung Ihrer Tochter, betrachten Sie die Sache lieber umgedreht – Sie haben das Prinzessinnen-Stereotyp geknackt, und ohnehin: Ist der Spielplatz nicht sowieso eine Kampfzone?

Ich finde es gut, dass Kinder nicht mehr wie Püppchen ausstaffiert werden. Aber es geht doch zu weit: fransige Jeans, ausgeblichene Shirts, nicht zusammenpassende Socken bei Hochzeiten und Taufen. Was ist schlimm daran, Kinder zu bestimmten Anlässen fein zu machen? Marietta K., Zürich

Liebe Marietta, bei festlicher Kinderkleidung gibt es zwei Schulen; diejenigen, die Mädchen durch und durch in Rosa und Jungs in Minianzüge kleiden (Fußballerfrauen, Bewohner der Mittelmeer-Anrainerstaaten und Katholiken) und die Neocons, die ihre Kinder wahlweise in Polo- und Moncler-Klamotten oder das sauteure französische und dänische Zeug stecken. Sonst zieht niemand mehr seine Kinder besonders an, gerade Akademiker neigen dazu, ihre Kinder mit selbst Gestricktem aus fünfter Hand auf die Straße zu schicken. Hinzu kommen auch noch vereinzelte Feministinnen, die sich gegen Verpinkung und die Elsa-Polyester-Pest auflehnen und Mütter, die insgeheim froh sind, wenn die Wäsche so pflegeleicht ist, dass sie vom Trockner direkt in den Schrank wandert. Kinder mögen ohnehin keine Feste, bei denen sie mit Zwangsrüschen beballert werden, hinzu kommt, dass das elterliche Machtwort zusammen mit allen anderen Autoritäten über die Jahrzehnte erodiert ist und Kinder häufig mitentscheiden, was sie anziehen werden. Die Unlust, Kinder fein anzuziehen, besteht also durchaus, doch ich finde, dass sich der Kampf durchaus lohnt; Kinder sollten bei solchen Anlässen mindestens adrett, sauber und gebügelt angezogen sein; die Verlotterung findet ja im Laufe des Events von alleine statt.

Mein Sohn (10) möchte ein Cap mit Gucci-Logo. Seine Kollegen tragen das, zum Teil fake, ebenso die deutschen Rapper, die er mag. Er würde es sogar mit eigenem Geld bezahlen. Ich hingegen finde, dass ein zehnjähriges Kind kein Luxuslabel tragen soll. Gucci, Off White und Yeezys sind doch was anderes als Nike, Adidas und Reebok? Andrea B., Zürich

Liebe Andrea, ich bin beeindruckt vom Markenwissen Ihres Sohnes, der bestens informiert ist, was gerade in der Modewelt vor sich geht. Gleichzeitig hat er seine Konsumwünsche aus dem Midprice-Segment alias Nike hin die hohen Sphären der Luxuslabels bewegt. Man mag darüber die Hände über dem Kopf zusammenschlagen, doch ist das nicht das gleiche Konsummuster, dem Erwachsene in den letzten zehn Jahren aufgesessen sind? Luxuskonsum hat sich demokratisiert, gerade Dinge wie Sonnenbrillen, Parfums und Accessoires machen den größten Teil des Umsatzes der Labels aus – warum sollten gerade Kinder der Magie dieser Marketing-Versprechen widerstehen können? Da es unmöglich ist, den Yeezy-Geist wieder in die Flasche zu kriegen, sollten Sie pragmatisch handeln: Erstens soll er sich das Zeug von seinem Taschengeld kaufen, dann ergeben sich natürliche Konsumgrenzen. Oder Sie sprechen mit ihm darüber, was er mit der Marke verbindet; dann könnten Sie mit ihm Secondhand-Läden durchforsten (sofern das gewünschte Modell dort überhaupt zu finden ist), und ihm helfen, ein Smart Shopper zu werden – diese Kompetenz kann er später gut brauchen. Aber machen Sie vorher noch ein wenig Gebrauch von der Rolle als mütterlicher Outfluencer: Ein wenig elterlicher Widerstand macht ein Kleidungsstück fast so attraktiv wie irgendein Rapper, der damit in Berlin vorm Berghain eine Instastory postet. Machen Sie nicht den Fehler, etwas »Ähnliches« für einen günstigeren Preis zu kaufen, weil »es fast genau so aussieht« – das ist genau die Sichtweise, mit denen Eltern ihre Kinder in den Wahnsinn treiben.

Ich bastle meiner Tochter jedes Jahr einen Adventskalender. Allerdings schenken ihr beide Omas einen gekauften Schokokalender. Ich möchte das gerne im Vorfeld einschränken, da die Kinder genug Süßigkeiten kriegen. Jetzt heißt es, ich sei eine Spaßverderberin. Jennifer W., Plessur

Liebe Jennifer, ist Zucker nun die neue Wurst oder die alte Zigarette? Egal. Stellen Sie ruhig Regeln auf, machen Sie sich unbeliebt, das gehört zur Ihrer Jobdescription als Mutter. Kinder brauchen etwas, woran sie sich abarbeiten und wovon sie später ihrem Therapeuten berichten können, da ist die Adventskalenderbeschränkung doch noch harmlos. Abgesehen davon: Das Kind wird keine Phantomschmerzen leiden. Den haben eher die Großmütter, die in ihrer Schenkerfreude eingeschränkt werden. Erklären Sie ihnen die Lage: Es ist zu viel Zucker und Plastik im Umlauf, Liebe kann man auch anders ausdrücken und man sollte sich dem Konsumterror wenigstens ein bisschen entgegenstemmen. Finden Sie Alternativen: Bilderkalender zum Beispiel. Oder die Großmütter befüllen Ihren Premiumkalender mit Quatsch ihrer Wahl, dann auch mit Schokolade, geringere Dosierungen sind ja auch in Ihrem Sinne. Doch erwarten Sie nicht zu viel Erfolg von Ihren Bemühungen. Meine Mutter schmiss die Barbies meiner Schwester in den Müll, sie sah die feministische Erziehung gefährdet. Was passierte? Fünfzehn Jahre später klebte sich meine Schwester blonde Extensions aus indischem Tempelhaar an den Kopf und Barbie wurde Astronautin.

Wir haben eine Geburtsanzeige bekommen und können diese Freude nicht unbedingt teilen. Der krampfhaft unkonventionelle Name des Kindes sagt uns einfach nicht zu. Wie reagiert man auf eine Einladung zur Besichtigung des Kindes? Birgit K., via Facebook

Oh je, liebe Birgit, das weite Feld der misslungenen Kindernamen. Auf welchen Chantalismus sind Ihre Bekannten denn reingefallen? Etwas Hollywood-Inspiriertes wie Jayden James oder Shiloh Novel? Oder sind sie selbst kreativ geworden und haben die Tochter Wikipedia getauft? Egal. Was Sie empfinden, bestätigen zahlreiche Studien: Kinder mit sonderbaren Namen stoßen im Leben auf zahlreiche Vorurteile, sie haben es sowohl in der Schule als auch bei der Jobsuche, vor Gericht, ja sogar beim Onlinedating schwerer. Ist das nicht schon Hypothek genug? Ich denke, Sie sollten über Ihren Schatten springen und Ihre Freude über das Kind nicht an den Namen koppeln. Fahren Sie hin, schnuppern Sie am Baby, lassen Sie sich anlächeln, dann geht auch Ihnen das Herz auf. Es gibt keine hässlichen Babys! Hinzu kommt, dass es unschön auf den eigenen Charakter zurückfällt, Kinder für die schlechten Entscheidungen ihrer Eltern büßen zu lassen.

Ein Freund hat mich übers Wochenende eingeladen; seine Großzügigkeit war sprichwörtlich. Doch der sonst so gepflegte Mann trennte sich keine Minute von seiner billigen Plastik-Tragetasche. Bin ich zu weit gegangen, als ich ihn auf den Stilbruch hinwies? Ruedi H., Bern

Lieber Ruedi, Ihre Frage berührt das interessante Verhältnis von Stil und Takt. Es gibt gute Gründe, den Freund auf den Mode-Fauxpas aufmerksam zu machen: Sie schützen ihn vor einer möglichen Blamage, und zwischen guten Freunden sollten auch im Gast-Gastgeber-Verhältnis offene Worte möglich sein; ich gehe davon aus, dass Sie eine höfliche Formulierung gefunden haben. Trotzdem ist mir das Maß an Perfektion, das Sie an Ihren Freund richten, zu hoch. Es ist eine billige Plastiktasche, na ja. Aber ist nicht gerade der Urlaub dazu da, ein wenig Abstand vom anspruchsvollen Alltag zu nehmen? Außerdem meine ich, dass man als Gast dazu verpflichtet ist, für möglichst angenehme Stimmung zu sorgen, zudem ist der Krittler eine extrem undankbare Rolle, von der man sich nicht fern genug halten kann. Und gute Absicht hin oder her: Sie wirken undankbar, wenn Sie Ihren großzügigen Freund wegen Petitessen kritisieren, und, zu guter Letzt: Stil lebt ja auch gerade vom Bruch – nichts ist fader, als sich von Kopf bis Fuß mit brandneuer Markenware zu behängen. Vielleicht also war Ihr alter Freund nur ganz besonders stilsicher.

―――――――――

Wir unterstützen unsere Tochter finanziell, da sie sich zwischen zwei Jobs befindet. Eigentlich kein Problem, doch nun haben wir mitbekommen, dass sie sich eine Gesichtscreme für 70 Franken gekauft hat. Müssen wir ihren Luxuskonsum tolerieren? Urs L., Affoltern

Lieber Urs, ich kann verstehen, dass Sie sich von Ihrer Tochter einen umsichtigen Umgang mit Ihren Ressourcen wünschen. Da erscheint eine 70-Franken-Creme auf den ersten Blick etwas irre, weil sich noch nicht einmal das Gros der arbeitenden Menschen diese leisten kann. Dennoch würde ich den Einkauf Ihrer Tochter nicht verdammen, sondern lieber als eine Übersprunghandlung etikettieren. Vermutlich leidet sie unter ihrer momentanen Situation und wollte für einen Moment aus dem Korsett der Vernunft ausbrechen. Luxus – und darin liegt seine Magie – gibt uns das Gefühl, für einen Augenblick unsere mittelmäßige Existenz zu verlassen und jemand Besonderes zu sein: besonders schön, besonders elegant, besonders begehrenswert, was auch immer.

Natürlich ist das irrational, doch manche Dinge versprühen ein so überzeugendes Glücksversprechen, dass sie zu einer selbsterfüllenden Prophezeiung werden. Wenn Ihre Tochter glaubt, ihre Lage besser mit einer Luxuscreme bestreiten zu können, dann ist das ein Thema, das Sie mit ihr besprechen sollten. Aber Ihr Geld zu geben und zu erwarten, dass sie es nach Ihren Vorgaben verwendet, verwandelt Ihre Großzügigkeit in Gängelung – damit tun Sie weder Ihrer Tochter noch sich einen Gefallen.

———————

Wir wollen mit Freunden in den Urlaub fahren, haben jedoch ein geringeres Budget. Nun haben sie vorgeschlagen, dass sie einen Teil der Kosten für die Unterkunft übernehmen. Steht der Urlaub unter einem schlechten Stern, wenn wir das Angebot annehmen? Annie T., ohne Ort

Liebe Annie, nur wenige Dinge sind so beziehungskorrodierend, wie auf der Gehaltsliste von Freunden zu stehen. Den Komfort, den Sie durch diese Lösung hinzugewinnen, müssen Sie an anderer Stelle bezahlen – denn immer, aber auch wirklich immer, wenn Geld kostenlos weitergereicht wird, stellt sich die Frage nach Dankbarkeit und Wohlverhalten. Das kann eine Weile gut gehen, doch irgendwann wird der Moment kommen, an dem Ihnen das um die Ohren fliegt. Überzeugen Sie Ihre Freunde, das günstige Haus zu beziehen, oder sagen Sie ab. Ein günstiges Ferienhaus ist keine Notlage, sondern ein Komfortproblem, dafür lohnt es sich nicht, eine Hierarchie in die Freundschaft einzubauen. Und wenn Sie mit Ihren Freunden nicht mithalten können, dann setzt sich dieses Problem bei jedem Restaurantbesuch, jeder Bootsfahrt und jeder Strandliege fort. Ein Ferienhaus ist ohnehin eine Belastungsprobe für Menschen, die sonst keinen Alltag miteinander teilen, da muss man kein Feuer ins Öl kippen.

Ein Freund hat sich – trotz gutem Einkommen – finanziell übernommen und ich habe mit einem vierstelligen Betrag ausgeholfen. Leider sind die Raten nur in den Monaten bezahlt worden, in denen ich etwas Druck ausgeübt habe. Mein Bekannter findet, ich würde den Kontakt gefährden und ihn schlecht behandeln. Was meinen Sie? Claudia S., ohne Ort

Liebe Claudia, Sie sind nicht stillos, im Gegenteil. Es ist stillos, dass Sie nachhaken müssen, damit Ihr Bekannter seinen finanziellen Verpflichtungen nachkommt. Und es ist schlichtweg passiv-aggressiv, Ihnen Charakterfehler unterzuschieben und die Freundschaft zur Disposition zu stellen. Das ist schwarze Pädagogik und wesentlich schlimmer als die mangelnde Zahlungsmoral. Natürlich sind Freunde wichtiger als Geld, aber Bekannte sind es eben nicht – und nichts sorgt für so viel Streit wie Geld, weil es eben immer leider auch sehr schnell mit Respekt, Anerkennung oder Liebe verwechselt wird. Jetzt liegt es an Ihnen, sich zu wehren. Sprechen Sie das Problem klar an, bestehen Sie auf die Rückzahlungen – und diskutieren Sie nicht Ihren Charakter. Das mag unangenehm sein, aber Trolls, Vampire und Toxiker im Freundeskreis sind auf die Dauer wesentlich anstrengender. Wenn ein Mensch nicht mit Geld umgehen kann, ist das eine Sache, seine Freunde zu manipulieren eine andere. Und Sie mussten jetzt leider auf die harte Tour lernen, dass man nur Dinge verleiht, die man auch verschenken würde.

Ich bin kürzlich mit meiner russischen Frau zurück in die Schweiz gekommen. Bei einem Empfang stellte ich sie einer Bekannten vor. Diese antworte nur kurz: »Ein Mitbringsel aus dem Ausland, wie nett.« Konsterniert diskutieren meine Frau und ich seither, wie man hätte kontern können. Richard F., ohne Ort

Lieber Richard, ich bin beeindruckt davon, dass Sie und Ihre Frau angesichts von so viel Blödheit die Contenance bewahren. Vor allem, weil der Kommentar auch auf einer Grenze liegt: Handelt es sich hier um niederschwellige Fremdenfeindlichkeit? Oder war es einfach nur ein missratener Witz, eine zu hastig ausgesprochene Formulierung? Letztere könnte man – wie Sie es getan haben – einfach ignorieren und sich in Zukunft geistreichere Gesprächspartner suchen; es ist gutes Benehmen, das Gegenüber nicht ständig auf sein Fehlverhalten hinzuweisen. Doch bei Rassismus – und seiner fiesen kleinen Schwester, der Respektlosigkeit – muss man die Sache ansprechen und für seine Überzeugungen einstehen. Ich finde Zivilcourage auch in vermeintlich harmlosen Fällen wichtig, denn diese Mikroaggression formt unser Zusammenleben leider auch. Was ist also zu tun? Ich würde sagen: in dubio pro Doofie. Soll sie doch selbst erklären, was sie gemeint hat. Etwa so: »Mitbringsel – wie meinen Sie das?« Dann brauchen Sie nur noch abzuwarten. Entweder der Dame fällt auf, was für ein Formulierungs-Fauxpas ihr unterlaufen ist, dann ist die Sache geklärt. Und wenn sie darauf beharrt, dass Ihre Frau ein Ost-Souvenir ist, dann wissen Sie schon mal, mit wem Sie beim nächsten Empfang nicht anstoßen möchten.

———

Ich bekomme oft Anfragen wie: »Wir gehen jetzt ins Freibad, kommt Ihr auch?« Oder: »Wir sind jetzt bei Frau Gerold, seid Ihr dabei?« Ich würde nie davon ausgehen, dass meine Freunde alles stehen und liegen lassen, um mein Event durch ihre Anwesenheit upzugraden. Kristina F., Zürich

Liebe Kristina, früher waren Last-Minute-Einladungen ein Affront, heute ist die Last-Second-Einladung Standard. Die allgemeine Versmartphonung sorgt dafür, dass spontane Treffen leichter zu realisieren sind, und ich kann mich nicht darüber empören. Wenn man sich kurzfristig entscheidet, baden zu gehen, und seine Freunde fragt, ob sie dazustoßen möchten, dann ist das doch nett. Es ist ein niederschwelliges Angebot, dass man beiläufig annehmen oder ablehnen kann. Und wenn diese Verabredungen nicht mit Ihrem Lebensstil vereinbar sind, dann sagen Sie es Ihren Freunden und machen einen verbindlichen Termin in naher Zukunft aus.

Ich habe eine gute Bekannte, die in prekären Verhältnissen lebt. Ich versuche ihr zu helfen, etwa indem ich ihr Gutscheine gebe, unter dem Vorwand, diese nicht brauchen zu können. Allerdings befürchte ich, dass dies gönnerhaft wirkt. Gibt es eine elegantere Lösung? Elisabeth C., St. Gallen

Liebe Elisabeth, der Gutschein hat ein schlechtes Image: wenig originell, zu transparent, gewissermaßen Bargeld im Amazon-Pelz. Doch in Ihrem Dilemma halte ich ihn für das Beste: Ihrer Bekannten nützt er mehr als schlaue Tipps oder absurde Geschenke. Rücksichtsvoll ist auch, dass Sie den Gutschein mit einer Notlüge verpacken. Ihr Vorgehen ist tadellos, ich verstehe Ihre Sorgen, gönnerhaft zu wirken. Dabei mache ich mir weniger Gedanken um Ihr Image als um den Effekt, den Ihre Gaben auf die Beziehung haben. Denn ich denke, dass eine andauernde Glücksasymmetrie in einer Beziehung irgendwann die Grundfesten erschüttert. Wenn Sie es beide schaffen, den Transfer gesichtswahrend über die Bühne zu bringen, dann ist das schon bewundernswert. Aber auf die Dauer wird auch Ihre Bekannte Probleme mit Ihrer Großzügigkeit bekommen, selbst wenn Sie für Ihre Entwicklungshilfe keine Gegenleistung erwarten. Vielleicht wäre es besser, die Dame zum Essen oder ins Theater einzuladen, das gibt ihr auch die Möglichkeit, sich zu revanchieren.

Ich, 34, treffe gelegentlich einen Bekannten, der verheiratet und kinderlos ist. Da ich selber drei Kinder habe, kommen sie natürlich auch zur Sprache. Darf ich ihn in diesem Zusammenhang fragen, warum er keine Kinder hat, oder gilt diese Regel nur für Frauen? Regina T., Basel

Liebe Regina, was wäre denn die Antwort auf Ihre Frage? Entweder wäre die Kinderlosigkeit Ihres Bekannten eine Lifestyle-Entscheidung, weil er und seine Frau sich dafür entschieden haben, ihr Geld und ihre Zeit lieber in sexy Kurztrips nach Lissabon als in endsteure Kinderkrippen zu investieren. Die andere Variante wäre ein medizinisches Problem, das intime Körperregionen betreffen und schlimmstenfalls zu Erzählungen über Abgänge, Fehl- oder gar Totgeburten führen würde. Das Risiko, dass das Gespräch eine trübe Wendung nimmt, ist also groß. Das Stigma der Kinderlosigkeit mag sich mittlerweile relativiert haben, trotzdem leiden viele Kinderlose darunter, wenn sie die Entscheidung nicht freiwillig getroffen haben – das gilt für Männer genau so sehr wie für Frauen. Lassen Sie es gut sein, selbst dann, wenn Sie ein echtes Interesse an der Antwort haben. Wenn der Mann mit Ihnen darüber reden möchte, dann wird er das schon tun. Und bis dahin gilt das Diktum von der schönen und klugen Helen Mirren: »Bislang haben mich immer nur langweilige alte Männer gefragt, warum ich keine Kinder habe.« Und wollen Sie in diese Kategorie fallen? Genau, eben nicht.

Immer mehr befreundete Männer begrüßen sich auch bei uns mit Handschlag und kurzer Umarmung. Wie macht man das korrekt. Links oder rechts? Thomas S., ohne Ort

Lieber Thomas, beim Umarmen gibt es keine richtige oder falsche Seite, auch wenn die meisten Menschen den Arm um die rechte Schulter legen: Dies ist eine Frage der Händigkeit und der allgemeinen Präferenz, wie eine Studie der Ruhr-Uni zu diesem Thema Männerumarmungen zutage förderte. Dies wechselt jedoch nach links, wenn es sich um emotionale Situationen handelt, was auf den Einfluss der rechten Gehirnhälfte zurückzuführen ist: Die Forscher vermuten, dies habe mit der Ambivalenz männlicher Umarmungen zu tun. Diese gilt wahlweise als mediterran, unterschichtig, schwul, teenagerhaft oder weibisch, ganz so, als sei das ein Angriff auf die Männlichkeit (einzige Ausnahme: die Umarm-Handschüttel-Kombi, von der Sie schreiben und die man bei Fußballtrainern gerne sieht). Hoffentlich setzt sich der Trend durch: Umarmungen sind doch das Harmloseste und Menschlichste, was unsere Spezies anzubieten hat.

Da ich den Job gewechselt habe, wollte ich zwei ehemalige Kollegen zum Abendessen einladen. Als aber Kollege A erfuhr, dass auch Kollege B eingeladen war, sagte er ab. Ich empfand das als Affront und habe das Abendessen abgeblasen. Darf man eine Einladung absagen, wenn einem die anderen Gäste nicht passen? Stephan H., Bern

Lieber Stephan, seien Sie froh, dass Kollege A Ihnen einen Abend mit zwei Parteien erspart hat, die sich an Ihrem Esstisch stumm anhassen, Small-Talk-Versatzstücke austauschen oder, noch viel schlimmer, alles rauslassen. Sie wissen ja nicht, was vorgefallen ist: Vielleicht hat B A die Freundin ausgespannt oder ihn vor dem Chef schlecht gemacht? Die Arbeit ist manchmal ein Schlachtfeld, und neben vielen angenehmen Menschen trifft man eben auch auf Kollegen, denen man nicht auf derselben Straßenseite begegnen möchte – und erst recht keinen Abend im kleinen Rahmen verbringen. Lassen Sie es gut sein, holen Sie die Einladung mit B nach und seien Sie froh, dass es an Ihrem Tisch zu keiner Eskalation über die aktuelle Salesstrategie gekommen ist. Natürlich wäre es stilvoller gewesen, A hätte Ihnen gleich angeboten, die Einladung nachzuholen, und klargestellt, dass der Konflikt eine Sache zwischen ihm und B ist. Aber Menschen sind nun einmal Menschen. Wir alle haben lange Listen mit Kränkungen, Abneigungen und Allergien, und je kürzer diese Liste, desto besser ist es für das eigene Leben.

Smartphone, Mails und Netzwerke

Früher musste man halbwegs erfinderisch sein, um seinem Ex-Partner zufällig über den Weg zu laufen, heute reichen eine Minute in der Supermarktwarteschlange, um herauszufinden, wie er sich im allgemeinen digitalen Glücklichkeitswettbewerb so schlägt. Die Chancen, dass es dem Verflossenen auf Instagram blendend geht, sind groß: Gefühle wie Trauer, Wut oder Scham haben in den Netzwerken wenig Raum und bringen einem schnell den Ruf der Dramaqueen oder des Psychos ein. Gepostet wird nur noch das, was keine Angriffsfläche, sondern Anerkennung bringt – das äußert sich meist in Bildern von fernen Urlaubszielen, wohlkuratierten Lebensereignissen oder inspirierenden Quotes aus dem Fitnessstudio. Das wiederum schützt uns zwar davor, vor anderen Leuten als hilfsbedürftig, dysfunktional oder erfolglos dazustehen, führt aber zu dem unschönen Effekt, dass wir uns angesichts so vieler shiny happy people genau so fühlen. Es ist also nicht nur Vorsicht bei der Produktion von Social-Media-Inhalten gefragt, sondern auch beim Konsum dergleichen: Ein falscher Tweet kann Karrieren zerstören, das andauernde Verharren auf dem Instagram-Account der alten Liebe zur schmerzvollen Verlängerung des Trennungsschmerzes führen. »Move fast and break things« mag zwar das Motto von Mark Zuckerberg sein, für den Rest der Welt ist das kein gutes Motto. Unser Netzwerk-Ego ist ein riesiges Experiment am offenen Herzen, und eine Etikette ist nötig, damit die Gesellschaft, die Karriere und das eigene Wohlbefinden nicht unter dem Konsum leiden. Denn trotz aller Virtualität – die menschlichen Gefühle sind immer real.

Ich freue mich wirklich, wenn Freunde Eltern werden, beobachte jedoch einen Identitätsverlust. Egal ob selbst kreierte Geburtstagseinladungen eines Elternteils, Christkind, Samichlaus, auf Facebook oder WhatsApp, auf jedem Foto und Profilbild ist ein Foto des Kindes zu sehen. Haben Sie dafür eine Erklärung? Markus S., per Facebook

Lieber Markus, vermutlich versuchen die von Ihnen benannten Eltern es wie Kaiserin Sisi zu halten, die ab 30 keine Fotos mehr von sich anfertigen ließ. Sie wollte einfach als jung und schön in Erinnerung bleiben, und diese Deutungshoheit über den eigenen Verfall ist ja recht nachvollziehbar. Umso praktischer, wenn man etwas so Wunderschönes wie ein eigenes Kind produziert hat, das einem irgendwie ähnelt und gleichzeitig noch keine Kratzspuren vom Leben im Gesicht trägt. Und vor allem Mütter leiden nach der Geburt unter einem kurzfristigen Attraktivitätsverlust, da ist es schon verständlich, sich auf WhatsApp vom Nachwuchs vertreten zu lassen: Wo doch jeder selbst gebackene Kuchen auf Instagram beklatscht wird, da ist es doch verständlich, wenn man sich etwas Lob für sein selbst gemachtes Kind abholen möchte. Doch Sie haben natürlich recht, wenn Sie nach der Identität der Eltern fragen. Die löst sich mit einem Baby oder Kleinkind leider auf, schließlich fließt ja auch der Hauptteil ihrer Aufmerksamkeit, ihrer Zeit und ihres Geldes dorthin. Für Kinderlose mag das befremdlich sein, doch ich kann Sie beruhigen, das ist nur eine Phase. Außer die Eltern machen wirklich Ernst und sind für immer ins mentale La-La-Legoland gezogen, dann sind sie verloren, verloren.

Neulich habe ich ein Bild von einem Freund und mir auf Facebook gepostet, und weil mir der Moment, in dem es aufgenommen wurde, so gut gefiel, habe ich es sofort gelikt. Danach fiel mir auf, dass es etwas eitel ist, Fotos von sich selber zu liken – hätte ich es besser lassen sollen? Florian Z., Zürich

Lieber Florian, der ganze Antrieb von Facebook besteht doch daraus, sein Leben anderen Menschen präsentieren zu wollen, und in den meisten Fällen ist es doch auch ganz interessant zu sehen. Insofern halte ich Eitelkeit und Selbstinszenierung für eine höchst schöpferische Kraft, die im Gegensatz zur Selbstgefälligkeit auch eher mit dem Streben nach Verbesserung als mit einem stählernen Glauben an sich selbst verbunden ist. Außerdem bin ich der Ansicht, dass Sie in Ihrem Facebook-Feed anstellen können, was Sie wollen (solange es im Einklang mit den Nutzungsbedingungen ist, natürlich). Es ist Ihre Party, Ihr Tagebuch, Ihre Bühne. Sollten Ihre Friends also nun wegen Ihres Eigenlikes verstimmt die Köpfe schütteln, bitte ich um einen kurzen Perspektivwechsel: Es ist nicht daneben, wenn auf der Bühne eine Pointe danebengeht, sondern, wenn man sich über Menschen erhebt, mit denen man vorgibt, befreundet zu sein. Damit verspielt man seine Glaubwürdigkeit, verschwendet man seine Lebenszeit, füllt sie mit negativer Energie und kriegt nichts Eigenes zustande. Hören Sie also auf, sich über die anderen Gedanken zu machen – Sie werden ohnehin nie herausfinden, was diese wirklich über Sie denken.

———————————

Früher war Telefonieren eine spezielle Angelegenheit, ich erinnere mich an unser Wandtelefon mit der Wählscheibe. Heute ist es eine Nebensache: Viele Leute kochen gleichzeitig, sprechen nebenher mit ihren Kindern und so weiter.

Habe ich eine antike Weltanschauung, wenn ich mich daran störe? Otto C., Mammern

Lieber Otto, es die Ironie des Jahrtausends: Wir sind mit unseren Telefonen verheiratet, und kein Mensch mag mehr mit ihnen telefonieren. Verschiedene Umfragen belegen, je jünger der Besitzer ist, desto suspekter sind ihm Telefonate. Unangekündigte Anrufe werden von den Millenials fast als invasiv betrachtet, eine Nachricht auf dem Anrufbeantworter ist mittlerweile fast so exotisch wie ein Telegramm. Einzig die Gruppe der 65- bis 75- Jährigen hält dem Telefonat die Treue, der Rest tauscht sich irgendwo im Datenfluss zwischen iMessage und Snapchat aus. Mit dieser Entwicklung hat ein Telefonat einen anderen Stellenwert bekommen: Sie sind vor allem dann wichtig, wenn konkrete Informationen ausgetauscht werden müssen, schlechte Nachrichten überbracht werden und schnell gehandelt werden muss: Kurz, sie bekommen eine gewisse Dringlichkeit. Vor diesem Hintergrund sollten Sie die Ablenkung Ihrer Gesprächspartner auf keinen Fall persönlich nehmen. Wenn Sie plaudern wollen, würde ich Ihnen raten, ebenfalls anzufangen zu chatten, wollen Sie in die Tiefe gehen, dann ist nichts so hilfreich wie ein echtes Gespräch.

Seit Längerem geht mir das Anstandsgeplänkel am Telefon auf die Nerven. Man ist fast gezwungen zu fragen, wie es geht, obwohl es einen häufig nicht im Geringsten interessiert. Wie kann ich dies umgehen oder gehört dies einfach zu unserer Kultur? Simon C.

Lieber Simon, gut, dass Sie in der Schweiz wohnen und nicht in den USA, wo Small Talk einen höheren Stellenwert

hat – oder gar in arabischen Ländern, wo Sie erst einmal
drei Tassen Tee trinken müssen, um diese Frage überhaupt
äußern zu dürfen. Angesichts der Effizienz unserer Kultur
bin ich sehr dagegen, das letzte bisschen Höflichkeit weg-
zurationalisieren. Aber vielleicht tröstet es Sie, dass ein höflicher Gesprächspartner auf die Frage »Wie geht's?« ohnehin
nie mit der Wahrheit rüberkommt und von Ihnen dement-
sprechend wenig Anteilnahme erwartet wird; im Grunde
können Sie nach ein paar zustimmenden Brummlauten mit
Ihrem Anliegen loslegen. Ich empfehle Ihnen jetzt aber doch
eine Schocktherapie: Erkundigen Sie sich doch mal nach
Kindern, Haustieren und den letzten bakteriellen Infekten.
Danach wird »Naallesokay, ich rufe an wegen … ?« zum
Selbstgänger.

Ich erlebe immer wieder, dass jüngere Kollegen im Mailver-
kehr alle Wörter kleinschreiben. Meine Einwände werden
vom Tisch gewischt, das sei heute so üblich. Ist meine Ein-
stellung antiquiert? Frieder S., Münchenstein

Lieber Frieder, die Kleinschreibung ist das »Du« des Mailver-
kehrs – die Regeln der Distanz ändern sich auch hier. Lange
galt eine korrekte Rechtschreibung als Zeichen von Intelligenz und Respekt gegenüber Kultur und Mitmenschen.
Doch durch den Wirrwarr der Rechtschreibreform und die
Kürzelsprache von Chat- und anderen Onlinekonversatio-
nen ist diese Prämisse nicht mehr so eindeutig. Glauben Sie
mir, mein Herz blutet auch angesichts nachlässiger Rechtschreibung; dabei ist die andauernde Kleinschreibung nur
das geringste Problem. Die Großschreibung nämlich steht
seit knapp 500 Jahren zur Disposition. Märchenonkel Jacob
Grimm sprach sich Ende des 19. Jahrhunderts gegen Groß-

buchstaben aus (»peinlich und unnütz«), die Bauhausbewe-
gung stellte 1925 spitzfindig fest, dass niemand großschrei-
ben müsse, schließlich würde niemand groß reden. Andere
Gruppen sahen in der Großschreibung eine ungerechte Be-
vorzugung der Substantive, und jetzt hat eben das Whats-
App-Getippsel die Rechtschreibung durch den Fleischwolf
gedreht. Nehmen Sie das Rechtschreibchaos auf keinen Fall
persönlich, im lockeren Austausch unter Kollegen ist die
Kleinschreibung auch völlig unproblematisch (ebenso wie
das gelegentliche Weglassen der Anrede). Doch sobald nach
außen oder nach oben kommuniziert wird, sollte man sich
wieder etwas mehr Mühe geben.

Eine Bekannte erstellt einen Newsletter, in der sie in der dritten Person über ihre beruflichen Tätigkeiten schreibt. Insgesamt macht das Ganze einen hilflosen Eindruck. Kann ich
ihr sagen, dass ich die Rundmail nicht mehr haben möchte,
zumal ich ohne Rücksprache in dem Verteiler gelandet bin?
Irene T., per Facebook

Liebe Irene, wie sagte noch Ingeborg Bachmann? »Die
Wahrheit ist dem Menschen zumutbar.« Allerdings kannte
Frau Bachmann weder Mails, Facebook-Likes und sonstige
360-Grad-Feedbacks, vielleicht würde sie es heute anders sehen. Ich empfehle Ihnen auf jeden Fall, auf jede Form von
Schadenfreude zu verzichten und den Rundbrief nicht zu
lesen, um sich über die Urheberin lustig zu machen; das ist
nur schlecht für Ihren Teint. Auch vom Spam-Ordner würde
ich abraten, denn dann würden auch die anderen Mails
Ihrer Bekannten Sie nicht mehr erreichen. Wenn Sie jetzt
immer noch schwanken, ob nicht ein Wort der Wahrheit
angebracht ist und Sie sich zumindest aus dem Newsletter

austragen lassen möchten: Ich würde es nicht tun. Ignorieren Sie es. Sie und ich, wir wissen beide, dass Sie 232 Milliarden ungelesene Nachrichten in Ihrem Postfach haben, da kommt es auf einen kleinen Rundbrief auch nicht mehr an.

Jedes Jahr versenden wir an die 300 Glückwunschkarten an unsere Freunde. Nun erklärte aber unsere Enkelin, das sei unmodern und werde im Zeitalter der elektronischen Kommunikation als belästigend empfunden. Leben wir wirklich derart hinter dem Mond? Hinzu kommt, dass ich erblindet bin und mit Mails nicht zurechtkomme. Renate S., ohne Ort

Liebe Renate, wie kommt Ihre Enkeltochter dazu, so etwas zu Ihnen zu sagen? Es ist ja schon beeindruckend genug, dass Sie so einen regen Kontakt zu Ihren vielen Freunden haben (300 Karten im Jahr!), aber dass Sie dies auch noch handschriftlich erledigen, macht das ja umso verbindlicher. Sagen Sie Ihrer Enkeltochter: Wenn etwas nervt, dann sind es ja wohl E-Mails. Die werden mittlerweile kaum noch gelesen, geschweige denn beantwortet. Es gibt ja kaum etwas Dezenteres und Angenehmeres, als einen handgeschriebenen Brief oder eine Karte in der Hand zu halten. Sollte das Mädchen also wieder kleinherzige Stilkritik an Ihnen äußern, bleiben Sie gelassen und sagen Sie ganz nonchalant: »Mails sind so etwas von 2009, mein Kind. Analog ist das neue Bio.« Daran soll sie mal herumnagen – und Sie schreiben einfach weiter.

Mein Mann und ich haben uns einen Urlaub in einem Luxus-
ressort auf den Malediven geleistet, zum ersten Mal in unserem Leben. Da er viel auf Facebook postet, kam auch die
Frage auf, ob wir Bilder von diesem Urlaub teilen möchten;
er ist dafür, ich finde es rücksichts- und stillos. Was meinen
Sie? Selma F., Baden-Brugg

Liebe Selma, gerade im Sommer quillt mein Facebookfeed
über von türkisen Buchten und einsamen Bergseen; ich
kann mich da nicht empören. Es hat doch jeder das Recht,
sich auf Facebook so zu inszenieren, wie er sich selber gerne
hätte, ohne Brüche und Kränkungen, glücklich eben. Natürlich ist das als Zuschauer manchmal schwer zu ertragen,
gerade wenn man selber das Gefühl hat, nirgendwo dazuzu-
gehören – es gibt sogar schon ein Akronym dafür: FOMO,
»Fear of missing out«, also die Angst, etwas zu verpassen.
Aber wir alle wissen, dass auch die perfektesten Menschen
Neurosen verwalten und Schicksalsschläge meistern müssen. Ein Bekannter von mir postete ständig Panoramabil-
der aus Manhattan, und als ich ihn auf einer Party darauf
ansprach, sagte er mir, dass er ein außereheliches Kind ge-
zeugt habe und nun einen immens teuren Sorgerechtspro-
zess in den USA führen müsse; da hatte ich wirklich keinen
FOMO mehr. Letztendlich ist es ja auch vernünftig, persönliche Probleme nicht im Internet zu verbreiten. Insofern
sind Urlaubsfotos, Haustiere, Selfies und Essen der perfekte
Inhalt für Netzwerke. Aber denken Sie daran: Urlaubsfotos
auf Facebook sind die Fortsetzung des Dia-Abends mit anderen Mitteln – und der Traumstrand anderer Leute wird
sehr schnell sehr langweilig.

Neulich sah ich neben Ihrer Kolumne eine Zalando-Anzeige. Aber mal Hand aufs Herz: Hat es Stil, sich seine Garderobe nach Hause zu bestellen? Wäre es nicht schöner, sich in die Stadt zu begeben und dort echte und vor allem einzigartige Geschäfte zu besuchen? Manuel D., Luzern

Lieber Manuel, erst einmal vorneweg: Ich mag Anzeigen, sie zahlen meine Miete, meine Krankenversicherung und meine sauteure Gesichtspflege von Pestle & Mortar, die man nur im Internet bestellen kann. Und Sie sollten sie auch mögen, denn ohne Anzeigen würde jede Zeitung etwa drei Mal so viel kosten: Es ist also eine Win-win-win-Situation. Allerdings kann man darüber sprechen, ob es Stil hat, dass eine Flotte von Leichtlohnmatrosen durchs Land hetzt, die in prekären Lohnsituationen lebt, und außerstande ist, ausreichend für sich und ihre etwaige Familie zu sorgen. Aber als Modetante bin ich für Kapitalismuskritik unqualifiziert, geschweige denn habe ich eine Lösung. Und was Bummeln in der Stadt mit den wundervollen Läden angeht: Das geht wirklich nur dann gut, wenn man nichts Bestimmtes sucht. Sobald man wirklich etwas braucht, ist man ja sowieso geliefert, denn die Mieten in der Innenstadt sind so hoch, dass es dort ohnehin nur noch H&M, H&M und H&M gibt – für einzigartige Produkte ist das Internet die Nische, nicht die City. Und die Beratung ist auch so eine Sache: Manchmal geht das gut, aber für Soziophobiker ist die Douglas-Verkäuferin, die einen über das erschütternde Ausmaß der Porenproblematik aufklärt, auch eher ein Grund für Panikkäufe, die man dann hinterher bereut. Sie sehen: Ich mag Onlineshopping. Und Anzeigen.

Ein Witwer hat nach einem katastrophalen Todesfall mehr als hundert Personen in einem speziell eingerichteten WhatsApp-Chat darüber informiert. Einige haben ihr Beileid durch eine Antwort im Chat ausgedrückt, andere durch eine direkte Nachricht, wieder andere haben gar nicht reagiert. Welche Reaktion ist denn angemessen? Sebastian F., Zürich

Lieber Sebastian, Ihre Frage ist ein sehr gutes Beispiel dafür, welche Probleme die digitale Kommunikation in emotionalen Situationen aufwerfen kann. Die Faustregel heißt: Man kann immer auf dem Kommunikationskanal antworten, auf dem man angesprochen wurde. Und der Witwer hat sich nun einmal dazu entschieden, Freunde und Bekannte so schnell und effizient wie möglich über den Tod seiner Frau zu unterrichten. Insofern ist es richtig, sein Beileid spontan auf diesem Wege zum Ausdruck zu bringen. Allerdings ist eine persönliche Nachricht passender, denn hier geht es nicht um den Show-Charakter einer Antwort, und 99 Chat-Mitglieder müssen auch nicht 98 Kondolenzbekundungen lesen. Die erste digitale Resonanz hat allerdings nur dann Stil, wenn diese mit einem zügigen handschriftlichen Kondolenzbrief, einem Telefonat oder einem Besuch verbunden ist – Chatgetippsel kann niemals verbindliche Anteilnahme ersetzen. Die Stärke von WhatsApp liegt in seinem niederschwelligen (und kostenlosen) Service, was wiederum in dem Moment sinnvoll ist, in dem Hilfe organisiert werden soll – das Wort »Katastrophe« klingt danach, als würde hier mehr als Beileid benötigt.

Ich besitze einen Instagram-Account mit einigen Hundert Followern. Neulich sagte mir ein Freund, dass man sich mit den falschen Hashtags schnell blamieren könne. Da ich da bislang keinen Zusammenhang gesehen habe, frage ich mich, welche das sein könnten. Markus H., Bern

Lieber Markus, Follower sind eine anspruchsvolle Spezies; loyal wie eine Klapperschlange, aufmerksam wie ein Goldfisch. Da muss man sich natürlich einiges einfallen lassen, um sie bei bei der Stange zu halten. Und obwohl bei Instagram die Bilder im Vordergrund stehen, haben sich Hashtags in ein eigenes Genre verwandelt, mit denen man sich in der Tat leicht blamieren kann. Peinlich wird es, wenn eher banalem Inhalt wie Mittagessen, Work-out oder Einkäufen eine übergroße Bedeutung verliehen wird. Das Hanteltraining mit #lifegoals, #liveauthenic oder die Salamipizza mit #blessed und #inspiring zu beschreiben, zeugt von falsch skalierter Selbsteinschätzung (obwohl hingegen #salamigoals einen gewissen Humor beweisen würde). Banales Zeug wie #epic, #deep oder #word lässt man am besten weg, ebenso alles mit »vibes«. Bei überlangen Hashtags gilt das #werdasschreibtistdoofprinzip, wer jedes Wort einzeln verrautet, #hat #das #Prinzip #nicht #verstanden.

Die meisten Eltern posten keine Fotos ihrer Kleinen mehr auf Facebook oder Instagram. Stattdessen bekommt man nun ununterbrochen Bilder via WhatsApp. Ich interessiere mich durchaus und gucke mir gerne Pauline im Pinguinkostüm an. Aber anders als bei Facebook werden Antworten erwartet. Doch die gehen mir langsam aus – was tun? Maria G., St. Gallen

Liebe Maria, als Mutter, die selber Kinderfotos an (selbstverständlich? hoffentlich?) interessierte Freunde und Verwandte schickt, kann ich Sie beruhigen. Der Aufwand, ein Foto zu verschicken, liegt kurz vor null; oft schickt man es auch an mehrere Leute. Den meisten Eltern geht es auch nicht darum, endlose Kommentare abzuholen, sondern sie wollen einfach nur ihre Freude teilen und die anderen auf dem Laufenden halten. Schließlich geht es bei freundschaftlicher Verbundenheit darum, das Leben zu teilen, auch wenn man selber gerade in einer ganz anderen Umlaufbahn herumkreist. Und da Eltern/Kinderlose oft eine asynchrone Interessenlage haben, die einen Pinguin begrenzt interessant und die anderen 30-gängige-Hedonisten-Menüs gaga finden, erwartet niemand eine qualifizierte Rezension. Ein Wort, »super«, einige Ausrufezeichen, das reicht. Hauptsache, Sie setzen ein Signal, das die Freude der anderen spiegelt – und ohnehin: Wurde nicht das Emoji mit den Herzaugen extra für den Kinderfasching entwickelt?

Kleidung, Mode und Beauty!

In kaum einem Lebensbereich haben wir uns so viel Freiheit erkämpft wie in der Kleiderwahl: Solange man nicht nackt auf die Straße tritt, kann man tragen, was Portemonnaie, Selbstbewusstsein und das Wetter hergeben. Doch haben wir aus dieser Freiheit wirklich genug gemacht? Könnten wir uns nicht viel mehr erlauben, viel extravaganter kleiden, viel mehr Modemut an den Tag legen? Die Kunst der Selbstinszenierung auf der Straße scheint verloren zu gehen, und vielleicht steckt hinter dem Mangel an modischer Originalität ein strukturelles Problem: Die Anzahl der Menschen, die nur eine Tätigkeit in einer Klimazone am Tag ausüben, ist relativ gering. Die meisten wechseln zwischen Fahrrad und Büro, zwischen Gym und Spielplatz, zwischen Kundengespräch, Supermarkt und Herd. Die U-Bahn verlangt den gleichen Look wie der Lunch mit der Vorgesetzten; da sind modische Ausreißer eher hinderlich. Stattdessen braucht man Kleidung, die alles mitmacht und Bewegung zulässt, die auch nach zehn Minuten im Nieselregen noch in Form ist, die wärmt und kühlt und ordentlich aussieht; so viel Funktion verträgt sich nur schlecht mit modischen Ambitionen. Also greifen wir wieder zu Jeans und Schnürern, zum Wollpulli und zum Jackett, zu dem Make-up, das wir seit Jahren benutzen. Ist es falsch verstandene Innerlichkeit, auf modische Statements zu verzichten – oder ein Zeichen dafür, dass wir die egalitäre Gesellschaft auch mit unserer Kleidung verkörpern?

Ich habe in einem Geschäft einen Pelzmantel gesehen, das Teil meines Lebens. Ist es okay, einen Neupelz zu kaufen, wenn er doch als langfristiges Investment in die Garderobe zu sehen ist? Anne H., Basel

Liebe Anne, ich bekomme viele Fragen zu diesem Thema, und, ja, auch ich besitze einen uralten Parker mit Pelzbesatz und einen 70er-Jahre-Nerz von meiner Mutter. Und so sehr ich das Auftragen bereits existenter Pelze befürworte, so wenig kann ich die Augen davor verschließen, wie sie gezüchtet werden: brutalstmöglich. Pelz ist nicht nur das Ergebnis von Tierquälerei, er hat noch nicht einmal mehr Seltenheitswert: Der Markt ist so sehr von chinesischen Importen geflutet, dass es in der Innenstadt nur so von toten Tieren wimmelt. Sie sind überall, und sie sind so billig, dass mittlerweile Echtpelze in Webpelze umetikettiert werden, um sie zu verkaufen. Das senkt den Glamour erheblich, zumal gerade ganze Pelze eher das Image der gelifteten Societylady haben; während die Versatzstücke am Parka von Krethi, Plethi und mir hängen. Darauf hat auch schon das Nachtleben reagiert: Bars und Clubs in der Schweiz und Deutschland behalten sich mittlerweile vor, Pelzjacken nicht mehr an der Garderobe anzunehmen. Ich sag's Ihnen: Der Pelz wird die neue Zigarette – nur noch furchtlose Figuren wie Kate Moss und aus der Zeit gefallene Zahnarztgattinnen laufen damit herum. Machen Sie etwas Besseres mit Ihrem Geld, werden Sie nicht Cruella de Ville. Kaufen Sie sich lieber einen Fake Fur von Shrimps und laufen Sie wie ein stolzer Teddy durch die Stadt. Seien Sie glamourös mit einem veganen Pelzschal von Helen Moore oder sparen Sie auf einen Fake-Vogel-Strauß von Stella McCartney und zeigen Sie den Billigpelzträgern, wo der Hammer hängt.

Alle Welt redet von Strobing – was ist das und muss ich das können? Tanja A., Solothurn

Liebe Tanja, YouTube ist voller Frauen mit komplizierten Fingernägeln, die in langwierigen Tutorials erklären, was es mit diesem Make-up-Trend auf sich hat. Fazit: Strobing einfach nur ein neues Wort für Highlighting. Allerdings wird der Highlighter in solchen Mengen eingesetzt, dass hier die Gefahr besteht, plötzlich Glanzeffekte zu erzielen, wie man sie bisher nur von Verkehrsschildern und Schulranzenreflektoren kannte. Dabei gelten die Worte von Paracelsus in der Beauty doch genau so wie in der Medizin: Die Dosis macht das Gift. Darum ist es besser, von metallischen Silbertönen Abstand zu nehmen und stattdessen neuere Produkte in Haut- und Vanilletönen zu wählen, Profis empfehlen zum Beispiel die Cream Color Base von MAC in der Farbe »Pearl«. Sinnvoll sind Akzente auf der Nase, der Stirn und über der Oberlippe, am Kinn besteht die Gefahr, dass das Highlight als Fettfleck rüberkommt. Insgesamt ist der damit erzielte Look nicht gerade subtil, und es erscheint mir eine Technik, die in den USA, Russland oder Griechenland erfolgreich sein kann. Um es mal dezent auszudrücken: Die Damen auf YouTube sehen aus wie frisch geföhnt, aber das muss ja nicht unbedingt etwas Schlechtes sein.

Hat das Stil, wenn auf meinem Pullover oder Sweatshirt groß lesbar »YOU F**ING ASSHOLE« oder »f**k you« steht? Als ich noch unterrichtete, habe ich einen Oberstufenschüler nach Hause geschickt, auf dessen T-Shirt groß »F**k you« stand. Habe ich übertrieben? Christian F., Glattfelden

Lieber Christian, Sie spielen auf das Shirt von Vetements an, eines sehr angesagten französischen Design-Kollektivs, das vor einigen Wochen hier im Stil zu sehen war. Und auch wenn ich hier den Unmut meiner geschätzten Kollegen auf mich ziehe, verstehe ich den Hype um das Label nicht ganz. Der Dreck von der Straße auf dem Laufsteg, Protest gegen das Modesystem, na gut. Trotzdem erschließt sich mir nicht, warum ich ein »DHL«-Shirt für 300 Franken anziehen sollte, wenn ich es doch bei eBay für einen Euro kriege. Und abgesehen davon: Für mich liegt der Sinn von Kleidung darin, mein Leben zu heben. Selbst wenn ich gerade auf dem Spielplatz stehe, freue ich mich darüber, dass ich es in Jimmy-Choo-Boots tue und zwischen Förmchen und Wasserpumpe wenigstens ein bisschen Marie-Antoinette spielen kann. Warum sollte ich aber mein Leben runterziehen? Mag ja sein, dass der Sweater eine Anti-Haltung symbolisiert, eine mehrfache ironische Spiegelung. Ich finde die Botschaft dennoch aggressiv, und abgesehen davon ist Gefluche keine Haltung, sondern eine Pose. Und was Sie und Ihren Schüler angeht: Indem Sie ihn nach Hause geschickt haben, haben Sie seine Rebellion gewissermaßen geadelt. Hätten Sie ihn ignoriert, dann hätten Sie den Aufdruck als rein modische, also als leere Geste entlarvt. »Fuck«-Botschaften aller Art sind für mich nur im Rahmen der Pubertät erlaubt, auf dem Schulhof ist er doch mit dem Pullover sehr gut aufgehoben, Ihr Rebel without a Sweater.

———————————

Im Sommer trage ich in meinen Bootschuhen gerne kurze Socken, deren Rand verborgen bleibt. Nun habe ich kürzlich gelesen, dass echte Männer und Füßlinge sich nicht vertragen. Stimmt das? Robert E., Interlaken

Lieber Robert, Sie stellen hier eine Grundsatzfrage, nämlich danach, wie sehr Männer auf unsichtbare Hilfen zurückgreifen dürfen, um dadurch einen Komfortgewinn im Alltag zu haben. Die alte Schule sagt, dass Männer es aus Stilgründen aushalten müssen, sich die Füße an ihren Loafers aufzuscheuern, sonst wären sie Weicheier. Aber ich bin dagegen, Männlichkeit in albernen Kategorien zu messen, zumal die Alternative schlechten Geruch mit sich führt – und auf diese Form von Männlichkeit kann ich viel eher verzichten.

———————

Es ist Winter und ich friere. Ist es okay, unter Kleidern eine Jeans zu tragen? Ella F., Graz

Liebe Ella, Rock über Hose, tja, da begeben Sie sich auf dünnes Eis. Dieser Look ist eine Hommage an die 90er Jahre, und da galten auch Tube Tops, Halsbänder aus Samt und Radlerhosen als sozial akzeptable Kleidungsstücke. Hinzu kommt, dass der Hosen-unter-Rock-Look den meisten Frauenfiguren auch keinen Gefallen tut, da er im wahrsten Sinne des Wortes aufträgt und die Beine verkürzt. Allerdings haben vereinzelte Modedesigner wie Phillip Lim oder Givenchy, Bloggerinnen und die schönschlaue Emma Watson versucht, den Trend wiederzubeleben, indem man sich gegenseitig eingeredet hat, kurze Peplumröcke mit schmalen Jeans seien eine gute Idee. Mich überzeugt es jedoch nicht: Sofern Sie keine Tennisspielerin oder eine Kindergarten-Prinzessin sind: Tun Sie es bitte nicht. Kaufen Sie sich eine Strumpfhose aus Merinowolle oder Kaschmir und kombinieren Sie Ihr Kleid mit Stiefeln und Wollpullovern, dann frieren Sie auch nicht.

———————

Ich esse kein Fleisch und finde echten Pelz abscheulich. Ich mag jedoch die bunten Webpelze, die nun überall zu sehen sind. Doch diese implizieren, ein Duplikat von echtem Pelz zu sein. Hat das Stil? Soraya S., ohne Ort

Liebe Soraya, echter Pelz steht mittlerweile auf der gleichen Stufe wie Rassismus oder Homophobie, ihn zu tragen bedeutet, dass man den Fortschritt nicht verstanden hat und eine allgemeine moralische Norm verletzt. Aber ist dieser Konsens in diesem Fall wirklich hilfreich? Alte Pelze zu verbannen löst das Problem ja auch nicht: Die Ökobilanz von frisch gekauften, kunststoffbasierten Webpelzen ist nicht gerade toll, ohnehin ist fehlende Nachhaltigkeit der größte Feind der Natur. Darum geht mir die moralische Bewertung zu weit: Keinem Tier ist gedient, wenn bereits gekaufte Echtpelze durch Webpelze ausgetauscht werden. Im Gegenteil. Darum sollte man echte Pelze nicht als Signale oder Bekenntnisse der Trägerinnen für irgendetwas sehen; das lässt sich auch auf den Kunstpelz übertragen. Sie haben Ihre Gründe, warum Sie einen Webpelz tragen. Welche das sind, geht niemanden etwas an. Machen Sie sich keine Gedanken darüber, welche Signale Sie an die Mitmenschen aussenden, Sie haben deren Meinung eh nicht unter Kontrolle. Überlegen Sie lieber, wie oft Sie einen bunten Webpelz tragen werden, das ist wichtiger, als das richtige PR-Signal zu setzen. Sie sind eine normale Bürgerin und nicht Herzogin Meghan, Sie brauchen nicht als politisch korrekte Modebotschafterin durch die Welt zu gehen; glücklicherweise.

Sommerzeit, Freibadzeit. Muss frau sich die Fußnägel lackieren oder kann ich mich dieses Jahr davor drücken? Sarah H., Uri

Liebe Sarah, Füße lackieren, Beine rasieren, Augenbrauen in Form bringen, zum Friseur gehen – wie heißt es so schön: A woman's work is never done. Ich kann ja verstehen, dass jede Frau gelegentlich infrage stellt, welche Beautyroutinen wirklich notwendig sind; wo die ganz normale Wartung aufhört und wo der Barbie-Bereich anfängt. Und auch mein Protestantenherz blutet angesichts der Preise für eine gute Pediküre. Aber das ist doch noch lange kein Grund, aufzugeben und stattdessen die Steuererklärung zu machen. Ich sage: Der Sommer ist viel zu kurz, um ihn mit Männerfüßen zu verbringen. Und so aufwendig ist es auch nicht, sich ein paar Tropfen Essie-Nagellack auf die Füße zu tupfen. Und wenn ich an Ihre Faulheit appellieren darf: Unlackierte Fußnägel bedürfen viel mehr Aufmerksamkeit, um gepflegt auszusehen: Nichts kaschiert schief gefeilte, verwachsene Nägel und Trauerränder besser als eine Schicht Nagellack.

Ich habe ein schmeichelhaftes Kleid gefunden: bodenlang, schmal, aber nicht zu eng und taillenbetont. Dank regelmäßiger Pilates-Stunden habe ich einen flachen Bauch, und damit sich ja nichts abzeichnet, kaufte ich sogar extra noch Unterwäsche und eine Strumpfhose mit angeblich unsichtbarem Bund. Doch auf dem Ball selbst setzten die Fotografen Blitz ein. Das Ergebnis war ernüchternd: Man sah den Bund, statt schlanker Taille sah man deutliche Rettungsringe. Wer oder was war schuld? Claudia M., Zürich

Liebe Claudia, auch wenn es schwer sein mag: Reden Sie nie schlecht von Ihrer Figur; Ihr Körper ist kein unliebsames Familienmitglied, mit dem Sie sich irgendwie arrangieren müssen, sondern ein Freund, der Ihnen große Dienste leistet. Doch zu Ihrer Frage: Da sahen Sie vor dem heimischen

Spiegel noch wie eine Million Dollar aus, und dann kommt ein Fotograf mit Blitz, der sichtbar macht, was eigentlich verborgen bleiben sollte: Unterwäsche, Körperfalten, alles. Der Blitz ist so hell, dass er Sie quasi geröntgt hat, das ist eine ganz andere Nummer als Ihr Outfit auf dem mühevoll drapierten Selfie im Halbdunkeln. Und noch ein Wort zu der richtigen Unterwäsche. Ich bin kein Fan von irgendwie gearteter Quetschwäsche, meiner Erfahrung nach führt sie nur dazu, dass die weggedrückten Schichten irgendwo anders wieder auftauchen; und in der Regel dort, wo man sie noch viel weniger gebrauchen kann als an ihrem Herkunftsort. Und falls ich Sie noch trösten kann: Wahrscheinlich sahen Sie den ganzen Abend wirklich wie eine Million Dollar aus, bis auf eben jene kalte hundertstel Sekunde. Und auch wenn Ihr Foto vergeigt ist: Das ist genau der Grund, warum Models und Schauspielern so viel Geld gezahlt wird – von Normalbürgerinnen wie Ihnen erwartet niemand, dass Sie den Bauch einziehen, sobald Sie das Haus verlassen.

Kürzlich sah man auf Plakaten einen Politiker aus Zürich mit Langarm-Poloshirt über Hemd und Krawatte, der behauptete, »einer von uns« zu sein. Geht das? Ich jedenfalls möchte mit ihm nicht in einen Topf geworfen werden. Andreas F., Zürich

Lieber Andreas, ich halte nicht viel davon, Menschen wegen ihrer Pulloverauswahl zu verurteilen, und gerade mit Politikern habe ich mittlerweile schon Mitleid, weil es mir unvorstellbar ist, wie man mit derart viel Häme leben kann. Aber ich vermute, dass Sie sich weniger an dem Look des Herrn als an dem dazugehörigen Claim stören – das distanzverkürzende »uns«, also »wir«, das Sie ungefragt in eine Gruppe einbezieht. Diese unfreiwillige Eingemeindung löst vermutlich viel mehr Abneigung aus als das etwas unglückliche Langarm-Poloshirt, auf das Sie sich beziehen. Und ja, klar, wenn wir schon darüber sprechen: Entweder hat dieses Oberteil gar keine Botschaft und der Herr hatte einfach keinen normalen V-Ausschnitt-Pullover mehr im Schrank oder er wollte seriös und zugleich locker wirken und der Imageberater hat das Casual-Thema verbockt. Am besten, Sie nehmen es nicht persönlich, auch wenn es so gemeint sein mag.

Ich habe mir vergangenes Jahr in Salzburg ein traditionelles Dirndl gekauft, das ich gerne öfter tragen möchte außer zum Oktoberfest oder wenn ich in Salzburg bin. Wäre ein Dirndl auch in der Schweiz bürotauglich oder zu welchen anderen Gelegenheiten? Jutta C., Thun

Liebe Jutta, Sie spielen mit dem Feuer. Und Sie wissen auch warum: Es gibt kaum ein Kleidungsstück, das Frauen eine bessere Figur schenkt als ein Dirndl. Die Stärke des Dirndls besteht darin, superfeminin auszusehen und gleichzeitig dabei extrem adrett rüberzukommen. Ein Dirndl ist also ein sehr lautes Kleidungsstück, das eine gewisse Attitüde erfordert. Mein Vorschlag: Entweder Sie sind die konservative Dame von Welt – addieren Sie gedanklich einen Herrn im Lodenjanker –, für die ein Dirndl etwas völlig Alltägliches ist. Oder Sie machen einen auf heimatverbundene Exzentrikerin, die mit dem Dirndl ihre Identität ausagiert und nebenbei die Männer aus der Region um den Verstand bringt. Sie werden auf jeden Fall grandios aussehen und viel Aufmerksamkeit bekommen; im Café oder auf einem Gartenfest sollte das kein Problem sein. Ob Ihr Job das verträgt, können nur Sie entscheiden.

Ich liebe meinen dunkelblauen Blazer – feinste Wolle, lang geschnitten, zweireihig, goldumrandete Knöpfe. Ich meine, er kleidet mich mit meinen 192 cm Körpergröße, kombiniert mit einer grauen Flanellhose getragen, ausgesprochen elegant. Meine Frau hingegen findet ihn mit seinen schwarz-goldenen Knöpfen schlicht unmöglich. Geben Sie ihm noch eine Chance? Markus F., Trin

Lieber Markus, der zweireihige Navy-Blazer ist ein klassisches Herrenkleidungsstück, das zwar einerseits formell ausschaut, andererseits auch immer die Gefahr der Operettenhaftigkeit mit sich führt. Trotzdem bin ich der Auffassung, dass ein doppelreihiger Blazer mit goldenen Knöpfen gerade älteren Herren mit großer Statur gut steht. Allerdings habe ich Probleme mit Ihrer grauen Flanellhose, blau und grau halte ich für keine glückliche Kombination. Tragen Sie den Navyblazer mit einer beigefarbenen Stoffhose, dann sehen Sie aus wie ein hanseatischer Kaufmann auf dem Trockendock. Zur Knöpfung würde ich Ihnen vorschlagen, nicht alle Knöpfe zu benutzen, sondern wenn möglich, die untere Reihe offen zu lassen, dann wirkt er moderner. Es hängt also von Ihnen ab, ob Sie die Sache durchziehen möchten oder nicht. Wenn Sie das Stück so sehr lieben, wie Sie schreiben, dann steht es damit doch ohnehin über Moden und energischen Ehefrauen.

Ich habe von meiner Großmutter einen Kettenanhänger aus Elfenbein geerbt. Ich lehne Wilderei ab, dennoch ist er ein wunderschönes Objekt, das ich mit meiner Familie verbinde. Kann ich es noch tragen? Madeleine H., Basel

Liebe Madeleine, da die Einschränkung von Elfenbeinhandel nun schon seit fast 30 Jahren in Kraft ist, dürfte jedem klar sein, dass Sie den Schmuck nicht illegal erworben haben. Zudem ist der Handel mit Elfenbein, das vor 1947 verarbeitet wurde, erlaubt, womit Sie rechtlich auf sicherem Boden stehen. Bleibt da noch die ethische Frage. Unsere Gesellschaft verurteilt mittlerweile den zerstörerischen Handel mit Tierprodukten, das ist ja auch gut so. Allerdings bin ich dagegen, schöne, nützliche oder gar kulturhistorisch wertvolle Dinge in die Asservatenkammer der politischen Korrektheit zu verbannen. Und im Gegensatz zu Pelz ist ererbter Schmuck oft mit besonderen Gefühlen verbunden, das schreiben Sie ja selber. Und was die Signalwirkung des Schmucks angeht: Ich finde es viel bedenklicher, wenn man von Fremden eine Vorbildfunktion für sein eigenes Handeln einfordert, schließlich ist jeder für seinen eigenen moralischen Kompass zuständig. Gleichzeitig halte ich es auch für bedenklich, Gegenstände, die heute nicht mehr in die gängigen Moralvorstellungen passen, einfach auszulöschen und so zu tun, als hätte es sie nie gegeben. Wir alle sind ein Produkt unserer Geschichte, und es ist besser, diese anzuerkennen, egal ob sie uns gefällt oder nicht. Unpassendes einfach auszublenden, mag vielleicht einfacher sein, ungeschehen macht man damit nichts.

———————

Ich möchte mir dieses Jahr einen Bikini kaufen, bin mir aber nicht sicher, ob ich die Figur dafür habe. Soll ich es trotzdem wagen? Eva A., Solothurn

Liebe Eva, es wäre schön, wenn man sich die leidige Kurvendiskussion zu Beginn der Freibad-Saison einfach sparen könnte. Die erste Ableitung lautet doch: Wenn es in einem

Bikini darauf ankäme, eine perfekte Figur zu haben, dann könnte ja fast jede Frau vergessen, einen zu tragen. Zweite Ableitung: Sie sind verschwitzt mit Quasiunterwäsche am Wasser – im Grund sieht kaum eine Frau darin gut aus, außer vielleicht die Models in der Werbung, und die sind nicht echt. Wir lassen also den Beachbodyquatsch hinter uns und machen stattdessen ein bisschen Sport, gehen tanzen oder haben Sex, irgendetwas, was das Körpergefühl wieder herstellt. Beim Bikinikauf ist darauf zu achten, dass er nicht zu locker sitzt, sonst bauscht er am Po und hängt später nass an Ihnen herunter. Mischen Sie Unter- und Oberteile, wie Sie lustig sind, und achten Sie auf gute Lycraqualität, also recht festen Stoff, satte Farben und hochwertige Details. Mir gefallen die Kollektionen von Ralph Lauren, Eres und Tomas Maier. Und lassen Sie sich nicht von dem undankbaren Licht in der Umkleidekabine irritieren, auch mit diesem Problem sind Sie nicht allein. Freuen Sie sich lieber darauf, bald in der Sonne im Freibad zu sitzen. Ein Sarong oder ein Kaftan erleichtert den Weg zur nächsten Pommesbude, und wenn Sie erst einmal gebräunt sind, sehen Sie ohnehin drei Kilo leichter aus. Problem gelöst.

Wie stehen Sie zu Lederhosen für den Mann in der Freizeit? Verschiedene Labels bieten immer mal wieder Hosen aus hochwertig aufbereitetem Leder an, die gar nicht an frühere, zum Teil billig und plump wirkende Lederhosen erinnern. Natürlich ist es in diesem Zusammenhang auch interessant zu wissen, worauf Sie bei der Kombination achten würden. Eric W., Biel

Lieber Eric, Sie haben recht, die Lederhose hat ihren Platz in der Modehölle verlassen, Abbitte geleistet und ist zurückkehrt; die Winterkollektion von Saint Laurent oder Modelle von Raf Simons beweisen es. Achten Sie beim Kauf neben dem Sitz vor allem auf die Qualität des Leders, je dünner das Material, desto eleganter der Look; Nieten-Schnickschnack verbietet sich von selbst. Dennoch möchte ich Sie darauf hinweisen: Eine Lederhose ist kein Kleidungsstück, sondern ein Sexverstärker. Fleisch, Tier, keine Unterwäsche, diese Richtung. Bei Frauen ist ein Sexverstärker in der Regel okay, Frauenzeitschriften fügen an, man möge sie mit Seide kombinieren, um den Bruch zwischen Mann und Frau, zart und hart, Rind und Raupe zu betonen. Bei Männern ist die Lage komplizierter. Solange Sie nämlich nicht androgyn wie Karl Lagerfeld oder eben ein echter Aufschneider wie Kanye West sind, ist die sexverstärkende Wirkung schwierig. Ich hatte mal einen Kollegen, der gerne eine Lederhose trug, seine Lieblingsband hieß »Jailhouse Fuck«. Irgendwie wirkte er so, als ob er Handschellen neben dem Bett liegen hatte, das meine ich ganz wertfrei. Es kann gut sein, dass manche Frauen darauf stehen. Wenn Sie jetzt also immer noch eine Lederhose kaufen wollen, sagen Sie nicht, ich hätte Sie nicht gewarnt. Ich würde allerdings ein Accessoire mit interessanten Buchstaben hinzufügen, beispielsweise eine ausländische Tageszeitung. Denn als geistiges Wesen wird man Sie erst einmal nicht so schnell wahrnehmen.

Seit einiger Zeit kombiniert mein Mann karierte Hemden mit Jeans. Ich bin der Meinung, Hemden gehören zu Stoffhosen, aber nicht zu Jeans und schon gar nicht zu Jeans mit kurzen Beinen. Da ich mit meiner Ansicht nicht durchkomme, wäre ein Statement Ihrerseits hilfreich. Charlotte B., Hirzel

Liebe Charlotte, ich kann den Wunsch nach Partneroptimierung verstehen, aber Sie ahnen schon: Es ist ein hoffnungsloses Unterfangen. 100-prozentiger Einsatz führt höchstens zu einem fünfprozentigen Ergebnis, das heißt, Sie müssen sehr viel reden und es kommt sehr wenig dabei raus. Setzen Sie Ihre Ressourcen gut ein: Die karierten Hemden zu den Jeans sind kein Problem, ohnehin sind die Herrenhemden – und das auch bei den teuren Ausstattern – in den letzten Jahren immer farbiger und karierter/gestreifter geworden. Ihr Mann darf sich nur nicht dazu verleiten lassen, die Jeans mit Hemden anstelle einer Anzughose bei gehobenen Anlässen und Geschäftsterminen zu tragen. Ich würde ihm lieber die kurze Jeans ausreden, unbedingt. Vielleicht ist er ja kompromissbereit, wenn Sie ihm die Hemden lassen. Viel Erfolg!

————————

Es gibt die ganzjährig verbreitete Unsitte der »square-toed shoes«; also Schuhe, die vorne mehr oder weniger rechtwinklig zur Längsachse geschnitten sind. In englischsprachigen Foren herrscht Einigkeit, dass sie ein absolutes No-Go sind. Umso erstaunlicher, dass vermutlich mehr als die Hälfte der Geschäftsleute in Zürich solche Schuhe tragen. Adrian S., per E-Mail

Lieber Adrian, Sie haben recht, diese Schuhe sehen niemals gut aus. Sie kamen in der modisch prekären Zeit Anfang der Neunziger auf, einer Phase, in der Boyz II Men groß waren (die übrigens auch square-toed Shoes trugen). Das Schlimmste an ihnen ist die unausgefüllte Spitze, die sich irgendwann in einen orientalischen Pantoffel verwandelt, weil der Schuh auf keinen Spanner passt. Warum Männer diese Schuhe immer noch tragen? Ich vermute den Versuch, in der konservativen Anzugwüste modische Akzente zu setzen, und Geiz (sie passen auch zu legeren Anlässen). Mich machen diese Schuhe auch fertig; einmal wollte sich ein Mann mit mir verabreden, der square-toed Shoes mit einem Klettverschluss (!) trug. Er hatte einen guten Humor, aber diese Schuhe, sie ruinieren einfach alles.

Ich liebäugle mit dem Kauf eines Damensmokings als Abendgarderobe für festliche Anlässe. Ich habe ein schönes Exemplar bei Boss entdeckt. Jetzt stellt sich mir aber die Frage, was mein Mann an meiner Seite tragen sollte. Was empfehlen Sie? Slavica P., Nänikon

Liebe Slavica, oh, ein Damensmoking, sehr chic, liebe Slavica. Und weil wir bei »Hat das Stil« gern ehrgeizig sind, verweise ich auf Angelina Jolies Valentin-Tuxedo bei einer Preisverleihung in London. Brad Pitt trug ebenfalls einen Anzug, die beiden sahen fantastisch aus, Überraschung. Überhaupt erstaunt mich an Ihrer Frage weniger die Wahl des Outfits als die Tatsache, dass das Partnerdressing aus Hollywood jetzt bei sogenannten Normalbürgern angekommen ist – also bei Menschen wie Ihnen und mir, die nicht zuerst die Paparazzi anrufen, wenn sie zum Frühstück bei Starbucks einbiegen. Was für eine Entwicklung: Als wäre die Liebe nicht schon anstrengend genug, soll man heute auch noch optisch mit seinem Partner harmonieren! Dabei gab es doch jahrhundertelang den Trick, dass die bürgerlichen Männer neutral-gedeckte Anzüge trugen, neben denen die Kleider ihrer Frauen besonders gut hervortraten. Das gilt jetzt auch für Ihren Anzug: Ihr Mann kann tragen, was er möchte, wenn er mutig ist, sogar die rosa Herrenkorsagen von Jean Paul Gaultier.

Mir scheint, dass mehrheitlich junge Frauen nicht das Beste aus ihren Haaren machen. Das irgendwie zusammengebündelte und manchmal gar nur mit einem Gummiband gehaltene Haar kann kaum eine persönliche Note ins Spiel bringen. Ist der gut geflochtene Zopf aus der Mode? Bertram B., Elsau

Lieber Bertram, ich befürchte, Sie stehen vor dem klassischen Generationenproblem – dem totalen Unverständnis dafür, warum die Jugend von heute so ist, wie sie ist. Da eröffne ich gerne den Dialog: Doch, die jungen Frauen tragen Frisuren. Gerne den sogenannten Bloggerdutt, also einen locker mitten auf dem Kopf zusammengewurstelten Knoten: Er steht für modische und digitale Kompetenz sowie wenig Zeit. Und auch der Zopf ist nicht fort, nur ist er ebenso zusammengewurstelt, dass er für Sie als solcher nicht mehr zu erkennen ist. Das hat zum einen mit dem eher biederen Image von Zöpfen zu tun, die entweder nach Kindergarten oder Strebermädchen aussehen. Die neuen Zöpfe fallen locker, Strähnen gucken heraus, manchmal sind sie seitlich geflochten, manchmal nur ein Stückchen am Kopf. Das hat damit zu tun, dass wir Haare sehr stark als Ornament wahrnehmen, und zwar als ein Symbol für Freiheit: freies Haar für freie Frauen. Da passt der von Ihnen gewünschte, stark frisiert aussehende Zopf nicht ins Selbstkonzept. Es geht darum, dem eigenen Stil etwas Beiläufiges zu geben und nicht so zu wirken, als ob man stundenlang an seiner Frisur herumkuratiert habe. Dass eventuell das Gegenteil der Fall war, dass das Zufällige harte Arbeit ist, das haben Frisuren mit jeder anderen erfolgreichen Kunstform gemeinsam.

Von meiner Großmutter habe ich einen goldenen Siegelring erhalten, den ich seither an meinem Ringfinger trage.: Passt ein Siegelring nur zu einem Anzug oder auch zu einem eher legeren Kleidungsstil? Und ist ein Siegelring am Ringfinger ein No-Go? Jan H., Zürich

Lieber Jan, ich liebe Familienschmuck; mein größter Schatz ist ein Armband, das mein Vater meiner Mutter zu meiner Geburt geschenkt hat und das ich jetzt zur Geburt meiner Tochter bekommen habe. Warum sollte so eine Tradition nur Frauen vorbehalten sein? Nehmen Sie den Ring Ihrer Großmutter, lassen Sie ihn ändern, sodass er auf den kleinen Finger passt, da gehört er nämlich hin; der männliche Ringfinger ist für den Ehering reserviert. Aber ein Siegelring ist mehr als ein Schmuckstück: Er ist ein Statement, und es hängt von Ihrer Attitüde und Ihrer Gesamterscheinung ab, ob er als Sinn für Familie oder als Schnöselindiz wahrgenommen wird. Wenn Sie ihn jeden Tag tragen, egal ob bei der Arbeit oder mit Jeans und Turnschuhen, dann bekommt er etwas Beiläufiges, und das sollte auch das Ziel sein. Doch mit hochgeklapptem Polohemdkragen, Gelfrisur und über die Schultern geworfenem Pullover, da sehen Sie mit Ihrem Siegelring schnell aus wie ein seltsamer Student. Jetzt sagen Sie, tja, das täte man in diesem Aufzug sowieso, aber mit Siegelring, bitte glauben Sie mir, fahren auch noch die falschen Frauen auf Sie ab – und das kann unmöglich im Sinne Ihrer Großmutter sein.

Im Sommer trage ich gerne dunkle Espandrilles mit einer Gummisohle. Als Freiberufler gehe ich so auch in die Firmen meiner langjährigen Auftraggeber, wo die Mitarbeiter meistens etwas formeller angezogen sind. Ich habe den Eindruck, dass sich niemand an diesem Look stört – oder ist es doch stillos, von der offiziellen Kleiderpolitik abzuweichen? Michael M., Zürich

Lieber Michael, Festangestellte haben zahlreiche Vorteile, sie kriegen Weihnachtsgeld und dürfen krank werden, doch dafür müssen sie aber auch leiden: Kantinenessen ist ein Beispiel, Chefwitze ein anderes. Es hat also alles seine Vor- und Nachteile, und wenn Sie es sich in Ihrer Position leisten können, sich so anzuziehen, wie Sie sich am wohlsten fühlen, dann würde ich unbedingt dabei bleiben; das »g'schlamperte Genie« (falls euch das rätselhaft ist, gibt es auch den Ausdruck »schlampiges Genie«, der ist geläufiger) ist schließlich eine sehr dankbare Rolle, zumindest solange die Zusammenarbeit gut läuft. Zudem finde ich, dass die Espandrilles aus der aktuellen Riviera-Kollektion sommerlich und zugleich sehr angezogen aussehen; sie sind noch nicht einmal teuer. Aus Respekt vor den Kollegen würde ich allerdings darauf achten, dass der Look nicht allzu sehr ins Wo-bitte-geht's-zum-Strand-Hafte abgleitet – also keine kurzen bunten Hosen oder kurzärmeligen Hemden dazu.

Gerne würde ich (43, schlank) mir eine Seidenbluse mit Animalprint kaufen; allerdings habe ich die Befürchtung, dass das Muster zu gewollt aussieht. Wie kann ich das Muster tragen, ohne dass es billig wirkt? Sandra K., Luzern

Liebe Sandra, kürzlich gab es auf der Marc-Cain-Show in Berlin Damenanzüge im Zebraprint, verwegen. Es ist ja das Zeichen jeder modebewussten Frau, Risiken einzugehen, und ich finde es auch okay, zu zeigen, dass wir manchmal Wilde in der Großstadt sind. Die Frau im Animalprint ist kein angepasstes Kätzchen, sondern eine zu berechnende Größe, das ist doch schon mal eine gute Voraussetzung. Allerdings haben Sie recht, dass bei Animalprint auch immer die Trash-Gefahr mitschwingt, Sie wollen ja nicht aussehen wie Lindsay Lohan auf dem Weg zu Starbucks. Hier lohnt sich die Investition in Designer, denn mit teuren Stoffen und sorgfältiger Verarbeitung sinkt das Risiko. Ein einzelnes Animalteil wirkt besser, wenn es mit neutralen Farben wie Schwarz, Weiß, Beige oder Khaki kombiniert wird. Einsteigerinnen wählen ein Accessoire, Mutige hingegen einen Mantel oder ein Kleid – dann aber bitte nicht zu kurz, auch wenn ich jetzt klinge wie Ihre Großmutter.

Meine Frau und ich saßen an einem sonnigen Nachmittag im Garten, als plötzlich meine Schwägerin mit ihrem Mann auftauchte. Meine Frau war sommerlich und ich lediglich in Badehosen gekleidet. Wir waren etwas überrascht, freuten uns aber über den spontanen Besuch, aßen und plauderten schließlich zwei Stunden. Meine Frau meinte hinterher, dass ich mich mit T-Shirt und mindestens kurzen Hosen hätte bekleiden sollen. Muss ich dazulernen? Albert R., Zürich

Lieber Albert, tja, das sind Zeiten: Bei welcher Gelegenheit, wenn nicht an einem sonnigen Nachmittag bei sich im Garten, soll ein Mann bitte noch in Ruhe seine Badehose anziehen? Ich vermute, Sie waren ja nicht mit einer Speedo, sondern eher etwas Shortshaftem bekleidet. Insofern kann ich Ihre Verwunderung über den Einwurf Ihrer Frau verstehen: Es ist ja Ihr Garten, und Spontanbesucher müssen auch ein paar formelle Abstriche beim Zustand ihrer Gastgeber machen. Allerdings leben wir in komplizierten Zeiten: Die Werbung ist voll von Nackerten, von Männern wird mittlerweile ein ähnlicher Körperwartungsaufwand erwartet wie von Frauen und oberkörperfreie Jogger gehören zur urbanen Normalität. Gleichzeitig macht sich eine allgemeine Verklemmtheit breit, Fußballer bekommen für das Entblößen ihres Oberkörpers die Gelbe Karte, Zweijährige am Strand ein Bikinioberteil. Und Frauen nehmen ihre halbe Garderobe mit ins Freibad, um bloß keinen Small Talk im Bikini ausführen zu müssen. Was folgt also daraus? Ich finde, dass Ihr Besuch den Anblick Ihres Körpers durchaus verkraften kann. Allerdings ändert sich die Lage, wenn Essen ins Spiel kommt: Es gehört sich einfach nicht, mit nacktem Oberkörper etwas anderes als Fritten im Strandkorb zu essen. Essen ist ein sozialer Akt, der auch etwas mit Zivilisation und Respekt zu tun hat, in diesem Moment hätten Sie sich schnell ein Poloshirt überwerfen können. Aber seien Sie nicht zu streng mit sich: Besucher sind in der Regel nicht halb so kritisch wie die eigene Ehefrau.

Wir haben im Urlaub sehr günstige Markenhandtaschen gesehen. Sie sind dem Original sehr ähnlich, aus gutem Leder, sogar mit Gütesiegel. Das bedeutet doch, dass die Materialkosten einen minimalen Teil des Preises ausmachen? Oder ein No-Go, auch für die Teenager? Ruth S., Winterthur

Liebe Ruth, abgesehen davon, dass sie schlichtweg illegal sind, finde ich, dass gefälschte Handtaschen zu den schlimmsten Dingen überhaupt gehören. Ich habe einmal in Istanbul gegenüber einer Fälscherei übernachtet, und das im Hinterzimmer zusammengehämmerte Elend hing jeden Tag an der Wäscheleine zum Trocknen – ein würdeloser Anblick. Designertaschen sind etwas Besonderes, sie gehören zu dem Teil der Modeindustrie, der noch nicht völlig kompromittiert ist; ihre Qualität ist so hoch, dass sie für ein ganzes Frauenleben gedacht sind – im Falle einer Chaneltasche sogar für die nächste Generation. Und wenn eine echte Tasche nicht ins Budget passt, ist es auch nicht so tragisch; Alternativen gibt es genug. Darum sollten Teenager eben nicht gefälschte Taschen kriegen. Sie müssen lernen, mit dem klarzukommen, was sie haben und das zu akzeptieren, was sie sind. Und begreifen, dass Menschen, die sie nur mögen, weil sie sich mit Markenkrempel behängen, genauso falsch sind wie die Hermés-Tasche, die sie bei einer Elendsgestalt am Strand für 150 Franken gekauft haben. Sie sparen vielleicht am Preis, aber das Dilemma kaufen Sie immer mit.

In der letzten Zeit, als es so heiß war, habe ich mich gefragt, ob es für Männer Sandalen gibt, welche nicht opa- oder outdoormäßig aussehen. Obwohl ich bereits pensioniert bin, lege ich Wert auf Kleidung und Schuhe. Bisher habe ich nichts Passendes gefunden. Können Sie mir weiterhelfen? Ruedi B., Winterthur

Lieber Ruedi, Sie haben Glück: Männersandalen heißen jetzt Pool Slides, sie sind von Gucci und Maison Margiela und kosten um die 350 Franken; Sie könnten aber auch das günstigere Modell von Teva nehmen, die ist jetzt auch wieder dran. Demzufolge sind Sie modisch ganz weit vorne, wenn Sie Ihre Gucciletten mit einem bunt gemusterten Hemd und einer dunkelblauen Stoffhose kombinieren. So viel modischer Mut gefällt mir gut, doch ich habe eine Bitte an Sie: Werfen Sie vorher einen kritischen Blick auf Ihre Füße. Da Männerfüße tagsüber kaum ans Licht kommen, machen sie oft einen etwas räudigen Eindruck. Mein Tipp: Stürzen Sie sich ins Abenteuer und buchen Sie eine

Pediküre. Dann können Sie in Ihren superangesagten Slides durch die Stadt bummeln, in Flipflops durchs Freibad schlappen und den Garten in den Tevas bewässern. Und wenn Ihre Frau nun denkt, Sie hätten eine Affäre, schieben Sie einfach alles auf mich.

———————

Die neue Mode rückt Dessous etwas mehr in den Vordergrund. Spitze blitzt unter Blusen hervor. Wie trägt man diese Mode im Alltag, ohne billig zu wirken? Michaela K., Zürich

Liebe Michaela, die Hollywoodstars machen es vor: Nachthemden werden mit Blazern kombiniert, weiße Spitzenkleidchen mit dicken Strickjacken. Dabei tun sich die wenigsten Frauen einen Gefallen, wenn sie in ihrer Unterwäsche reüssieren wollen. Denn wer hauptberuflich nicht über seinen Sex-Appeal funktioniert, der könnte sich in einer unguten Imagefalle wiederfinden: Rüschen, Seide, Volants und Bin-grad-Aufgestanden führen nicht gerade dazu, ernst genommen zu werden. Beyoncé mag transparente Kleider mit politischem Aktivismus verbinden. Doch wenn man nicht über derart viel Macht verfügt, dann endet man im Kardashian-Segment. Und wie schaut das im Alltag aus? Ein Satintop unter einer Strickjacke finde ich okay, aber verschlafen; Spitze, die irgendwo herausguckt, bieder; Satinkleider über T-Shirts gab's schon mal in den 90ern, und wenn man das letzte Mal schon dabei war, dann ist man heute einfach zu alt dafür. Wenn ich mutig bin, dann trage ich einen schwarzen BH unter einem weißen Baumwollshirt, das sind meine protestantischen Wurzeln, zu mehr Provokation bin ich nicht fähig.

———————

Im Sommer habe ich zunehmend junge (und auch ältere) Männer gesehen, die mit nacktem Oberkörper laufen gingen. Hat das irgendeinen Zuwachs an Komfort oder ist es ein Zeichen der Verwahrlosung des öffentlichen Raumes? Agnes F., Basel

Liebe Agnes, auch mir ist dieser Trend aufgefallen, aber ich kann da keine Verwahrlosung erkennen, im Gegenteil, für mich ist dieses Oben-ohne-Gesportel eher ein Zeichen für die Zurschaustellung der eigenen Selbstoptimierung. Dieser Trend trifft auf einen anderen, nämlich die Verfreibadung der Großstädte, hervorgerufen durch den Klimawandel und die Verbesserung der Wasserqualität der Flüsse. Würden Frauen so sehr auf nackte Männer abfahren, würde ich Ihnen raten, den Anblick still zu genießen; sehen Sie diese Männer als Archetypen des modernen Mannes, der nun die gleiche Körperarbeit zu leisten hat wie eine Frau.

Und solange die Herren halb nackt durch den Park laufen und nicht neben Ihnen in der Tram stehen, gibt es auch kein Hygieneproblem.

———

Ich habe meine Falten unterspritzen lassen, nun sehe ich fünf Jahre jünger aus. Mein Umfeld hat keine Ahnung, bewundert aber meine frische Ausstrahlung. Bin ich zumindest meinen Freundinnen gegenüber zur Wahrheit verpflichtet? Gabi H., Zürich

Liebe Gabi, erst einmal Glückwunsch zum gelungenen Beautymanöver. Und bleiben Sie ruhig: Sie sind niemandem zu gar nichts verpflichtet. Nicht einmal Models verraten ihre echten Beautytipps, sondern reden in Interviews nur über Wasser, Schlaf und langweilige Produkte, für die sie gerade

Werbung machen. Warum sollten Sie es denn anders halten? Die allgemeine Anforderung an Frauen (und auch Männer), schön zu sein, aber dabei möglichst natürlich zu bleiben, ist natürlich eine Farce. Aber ich kann Sie ja kaum alleine in die Schlacht ziehen lassen, darum bleiben Sie souverän und bedanken Sie sich für alle Komplimente. Und was Ihre Freundinnen angeht: Es ehrt Sie, diese ins Vertrauen ziehen zu wollen – nicht, dass die plötzlich in Selbstzweifeln aufgehen, nur weil Sie plötzlich Dorian-Gray-mäßig Ihr Alter halten. Aber passen Sie lieber auf sich auf: Die neuen Beautymethoden und -produkte sind so genial, dass der Alterungsprozess zurückgedreht werden kann, ohne dass man aussieht, als wäre man Gunther von Hagens in die Hände gefallen und plastiniert. Doch der Zauber ist auf die Dauer sehr teuer und kann süchtig machen.

———————

Was tut man, wenn man fast keine Augenbrauen mehr hat? In den 70er habe ich fast alle ausgerissen, die dann schlecht nachgewachsen sind. Gibt es Möglichkeiten, diese permanent und möglichst naturgetreu nachzuzeichnen zu lassen, ohne dass man dann wie ein Zombie herumläuft? Monika D., Zürich

Liebe Monika, Mitte der 90er hatte dieser Trend eine erneute Hochphase, ich riss mir ebenfalls die Brauen dünn und hatte irgendwann den Gesichtsausdruck von Jessica Rabbit. Nicht gut! Bei mir sind die Härchen irgendwann nachgewachsen, doch ein paar Lücken sind geblieben. Dabei ist die breite Braue so sehr im Trend, dass das Model Cara Delivigne nicht nur für ihre Brauen berühmt wurde, sondern diese für sich genommen zu einer Marke geworden sind. Doch wo würden wir leben, wenn es nicht schon eine Augenbrauen-Industrie gäbe: Die weibliche Augenbraue bekommt mittlerweile so viel Aufmerksamkeit wie ein Haustier, und da möchte ich Ihnen gerne behilflich sein. Sie könnten zum Microblading gehen und fehlende Härchen nachtätowieren lassen, mittlerweile muss Permanent-Make-up nicht mehr aussehen wie mit dem Edding gemalt (aber bitte, bitte bei einem Profi). Alternativ (oder zusätzlich) könnten Sie ein Augenbrauenserum benutzen, etwa das M2 Beauté Eyebrow Renewing Serum (bitte beschweren Sie sich nicht über die Preise, betrachten Sie Ihre Braue als Rassekatze). Das Zeug lässt wirklich Haare wachsen, Magie, aber das dauert natürlich einige Wochen. In der Zwischenzeit könnten Sie Ihre verbliebenen Brauen dunkel färben. Zum Zupfen würde ich ebenfalls einen Spezialisten aufsuchen, mittlerweile gibt es überall Brow Bars. Achten Sie wie ein Luchs darauf, dass nicht zu viel in der Mitte weggenommen wird und herausstehende Haare nicht gezupft, sondern oben abgeschnitten werden. Sie kriegen das schon hin!

Ich bin über 50, gepflegt, Größe 38 und trage gerne Jupe und Röcke. Leider habe ich Beine wie eine Landkarte, was sich im Winter mit schwarzen Strumpfhosen verstecken lässt. Aber was ist im Sommer – haben blickdichte, braune Strümpfe Stil? Christina G., ohne Ort

Liebe Christina, bitte gehen Sie mit Ihrem Problem zu einem Phlebologen, damit er klären kann, ob ein medizinisches oder ein kosmetisches Problem vorliegt. Schwache Venen sind ja nicht nur ein »Schönheitsfehler«, sondern können auch auf ernsthafte Erkrankungen hinweisen, etwa ein Stammvenenproblem. Dann könnten Sie sich darüber beraten lassen, ob und welche Behandlungsmöglichkeiten vorliegen. Bei Besenreisern ist die Entfernung relativ unproblematisch, da haben sich die Therapien in den letzten Jahren stark verbessert. Doch die schonenden Methoden haben auch ihre Grenzen, während hingegen für die schweren Fälle noch immer ein sogenanntes Stripping vonnöten ist. Im Sommer würde ich empfehlen, wenn möglich Stützstrümpfe zu wählen (etwa von Siegvaris Well Being). Diese sehen mittlerweile nicht mehr nach Bingo-Club, sondern völlig normal aus. Sie könnten der Hitze auch im Maxikleid begegnen, bei Outnet.com gibt es Designermode im Dauersale. Oder Sie pfeifen auf das Beautydiktat, niemand außer Ihnen hat das Recht, sich von Ihren Adern gestört zu fühlen. Dann würde ich – als mentale Übung – Selbstbeschreibungen wie »Landkarte« ganz schnell über Bord werfen.

Gerne würde ich mir einen Kimono kaufen, um ihn als Morgenmantel zu tragen. Da ich in einer Erwachsenen-WG wohne, frage ich mich, ob man ihn auch außerhalb des Schlafzimmers tragen kann – oder damit sogar das Haus verlassen kann? Nina G., Bern

Liebe Nina, ein Kimono ist ein guter Anlass, sich aus seiner eigenen Wohnung oder dem Hotelzimmer auszusperren, und in diesem Aufzug in der Lobby für Verwirrung zu sorgen. Denn seine angebliche Bescheidenheit – sein Name bedeutet »Kleidungsstück, das von den Schultern hängt« – ist nichts als Koketterie. Sein minimalistischer Chic ist ein regelrechter Sex-Verstärker, zumindest solange Sie ein Modell aus Kaschmir, Baumwolle oder Seide wählen. Bitten lassen Sie die Finger von Frottee oder Spitze; Ersteres sieht entweder nach Wellness oder Kindergarten aus, Zweiteres nach Profi. Außerhalb des Schlafzimmers erfordert der

Kimono etwas Mut und funktioniert nur, wenn Sie einen guten Pyjama und elegante Hausschuhe dazu tragen. Dann können Sie wie eine stilbewusste Geisha den Männern mit Ihrem »iki« den Verstand rauben, ein Begriff, der übersetzt so etwas wie »kühl« oder »chic« bedeuten würde. Den Busen und den Hintern zu betonen, das ist eine Kunst, die jede Frau in der Einkaufszone beherrscht, einen Mann aber mit einem nackten Hals zu destabilisieren, das ist etwas für Fortgeschrittene.

Ich würde gerne einen Trenchcoat tragen, aber kein Modell, das nur bis zur Mitte der Oberschenkel geht. Außerdem bin ich recht groß, sodass es kaum passende Größen gibt. Wissen Sie Abhilfe? Marcel Ü., ohne Ort

Lieber Marcel, der Trenchcoat gehört zu den Modeklassikern, die wir den Streitkräften zu verdanken haben. Als Regenmantel des britischen Militärs marschierte er von den Schlachtfeldern des Ersten Weltkriegs in die Popkultur des 20. Jahrhunderts: als männlicher-strenger Look von Humphrey Bogart in Casablanca, wild kombiniert mit Anglerweste und Filzhut bei Joseph Beuys oder glatt-kommerzialisiert wie bei Romeo Beckham, dem frühreichen Sohn von David und Victoria. Doch gerade der Look von Humphrey Bogart könnte eine Hilfe für Sie sein, denn er stammt aus der Zeit, in der Männer sich noch nicht in hautenge Mäntel zwängen und ihren Körper betonen mussten; er trug einen extra weiten und vor allem extralangen Trench von Aquascutum, der ihm knapp über das Knie reichte. Dieser wurde gerade neu aufgelegt, und hat mit seiner Länge von 120 Zentimetern nicht nur die richtige Länge für große Männer, sondern, sehr löblich, eine eigene Tasche für eine Tageszeitung.

Leider ist er teuer, um die 1000 Franken, aber diese Summe sollte es Ihnen wert sein, um der abgeklärten Männlichkeit von Rick Blane einen Schritt näherzukommen. Und wenn Sie dann die Frage nach Ihrer Nationalität mit »Ich bin Trinker« beantworten, gebe ich Ihnen persönlich einen aus.

Die neue First Lady, Melania Trump, trug bei der Amtseinweihung ein wunderschönes Kleid und Handschuhe. Der neue Präsident hielt dann ihre Hand, diese blieb im Handschuh. Hätte sie ihren Handschuh nicht abstreifen sollen? Eva S., Rüschlikon

Liebe Eva, wir wollen ja nicht schlecht über andere Frauen reden, auch wenn Melania Trump uns vor Rätsel stellt. Aber, Ehre wem Ehre gebührt, das Outfit bei der Amtseinweihung sah nicht nur toll aus, es war auch eine stimmige politische Botschaft: Mrs. Trump trug Ralph Lauren, einen amerikanischen Designer, das war sehr im Sinne der Absichten ihres Mannes. Jackie-Kennedy-Anleihen waren auch deutlich erkennbar, Melania Trump hatte sie schon zuvor als Vorbild bezeichnet. Insgesamt brachte sie das Distanziert-Eisköniginnen-Hafte ihrer Persona auf den Punkt, ein bisschen konservativ-bedeckt, jedoch sehr elegant. Doch zurück zu den Handschuhen – grundsätzlich gilt, dass man den Handschuh zur Begrüßung höflichkeitshalber ausziehen sollte. Doch es gibt Ausnahmen. Die eine ist eine arktische Kälte, bei der es der Menschenverstand gebietet, sie anzulassen. Das andere ist, wir ahnen es schon, wenn es sich um Ballgarderobe mit langärmeligen Damenhandschuhen handelt. Da die Handschuhe in Melania Trumps monochromem Outfit ganz eindeutig Teil des Looks waren, war es also völlig richtig, diese anzubehalten. Das hat Michelle Obama übrigens genau so gehandhabt, als sie ihrem Mann 2009 und 2013 die Bibel hinhielt.

Ich, w, 65, schlank, habe Probleme mit meinem rechten Fuß. Spreizfuß und Arthrose im Großzehen-Grundgelenk. Und ich verzweifle, wenn ich die schrecklichen Gesundheitsschuhe sehe. Wissen Sie Rat? Elisabeth G. aus Zug

Liebe Elisabeth, ich habe gute Nachrichten für Sie: Gesundheitsschuhe machen schon seit Jahren unerwartete Laufstegkarrieren – erst wurden Birkenstocks zu Designerobjekten, dann kamen die Teva-Sandalen. Dieses Jahr hat der Schotte Christopher Cane Crocs (!) auf den Laufsteg gebracht und dazu irgendetwas von rebellierender Weiblichkeit deliriert; das finde ich allerdings pervers. Ich rate Ihnen, erst einmal im normalen Sortiment zu schauen. Normale Flats sind schon lange kein modisches Problem mehr, die Zeiten, in denen ein Outfit nur mit acht Zentimetern hohen Knochenknackern komplett war, sind glücklicherweise vorbei. Sie könnten es mit den klassischen Loafers von Tod's probieren, Wallabees sind auch wieder zurück, vielleicht gehen auch Budapester. Am einfachsten wäre es allerdings, Sie würden sich ein Paar gute Sneaker besorgen; überraschen Sie Ihr Umfeld mit einem lässigen Modell von Nike, Onitsuka, den Adidas Originals oder von Comme des Garcons, die Wildleder im Programm haben. Verzichten Sie auf Fake-Sneaker von Geox oder sonstige Dinge, die man im Rentnereinzelhandel findet, das lässt auf einen Schlag um hundert Jahre altern.

Seit Jahren benutze ich schwarzen Eyeliner, um einen Katzenaugen-Effekt zu erzielen. Aber nun hat meine Teenagertochter mich darauf hingewiesen, dass das wirklich altmodisch sei. Hat sie recht? Bin ich ein Fossil (mit dramatischen Augen)? Sabine L., per Facebook

Liebe Sabine, man könnte ja meinen, dass mit dem aktuellen Kalligrafie-Trend auch der flüssige Eyeliner wieder im Kommen ist, einige Stars wie Adele und Taylor Swift machen es vor. Nun sollte man Kamera-Make-up im Alltag etwas zurückhaltender handhaben. Denn Ihre Tochter hat recht: Der Trend geht weg von langen, melodramatischen Linien hin zu langen Wimpern und stark betonten Augenbrauen. Ohnehin ist stark sichtbares Make-up ein Relikt aus der Vergangenheit – keine Frau muss ihr Gesicht noch hinter einer Schicht aus Foundation-Mörtel verstecken. Sogar die vollkommene Herzogin Kate hat sich von ihrem Pandabär-ähnlichen Eyeliner getrennt, mit dem sie ihre Augen jahrelang umkringelt hat. Sie könnten es ja auch mit einem Glamour-Detox versuchen und zwei Tage oder eine Woche ohne Lidstrich auskommen. Gerade beim Make-up oder Parfum ist es ja so, dass man beides nach einer Weile nicht mehr wahrnimmt, weil es eben so dauerpräsent ist. Manchmal braucht man ja eine Fastenzeit, zum sich selber wieder klarer zu sehen.

Ich habe in meiner Garderobe zwei Zweireiheranzüge in guter Qualität, allerdings von früher und schon lange nicht mehr getragen. Kürzlich war ich auf einem Fest, auf dem gleich drei Herren einen Zweireiher trugen. Kann man Zweireiher als Klassiker bezeichnen, die immer tragbar sind, oder kommt dieser Anzug gerade wieder im Mode? Manfred F., Erlinsbach

Lieber Manfred, an und für sich sind Zweireiher ein Klassiker der Herrengarderobe, der auch jetzt wieder getragen wird – Prinz Charles etwa hat diesen Trend einfach ausgesessen, indem er sich 45 Jahre lang verspotten ließ und heute als Stilikone gilt. Allerdings ist der Doppelreiher von heute schmal auf den Körper geschnitten und hoch geknöpft, sollten Ihre Schrankfunde 80er-Jahre-Power-Schultern haben und tief sitzen, könnten Sie schnell wie der schmierige Anwaltsfreund von Richard Gere in »Pretty Woman« aussehen. Konsultieren Sie also bitte einen Schneider Ihres Vertrauens. Außerdem gut zu wissen: Der militärische Stil des Jacketts erfordert, dass Sie ihn auch im Sitzen zugeknöpft lassen. Die meisten Zweireiher haben eine Six-on-Two-Knöpfung, das heißt, der oberste Knopf ist ein Blindknopf, einzig der mittlere und der untere rechte Knopf können geschlossen werden. Bitte nutzen Sie nur den mittleren Knopf. Prince Charles mag seine Zweireiher durchknöpfen, aber das ist zu viel der Referenz.

Beim Hundeausführen friere ich oft an den Beinen: Baumwoll-Leggings reichen nicht als Zweitschicht und Funktionswäsche fühlt sich wie Plastik an. Was gibt es für Alternativen? Kaschmir-Seide-Mix scheint es nur bis Größe 42 zu geben, als ob da der Anspruch auf elegante warme Schenkel aufhört. Claudine S., ohne Ort

Liebe Claudine, weg mit der Baumwolle: Die Faser gibt zwar Feuchtigkeit nach außen ab, bleibt dabei aber selber feucht – bei Kälte ganz schlecht. Wählen Sie als unterste Schicht Merinowollle, die leitet die Feuchtigkeit ebenfalls ab, bleibt dabei trocken, fühlt sich gut an und stinkt nicht. Und natürlich gibt es so etwas in 42/44, das ist eine normale

Konfektionsgröße. Die zweite Schicht sollte locker aufliegen, denn jetzt verlassen wir uns auf die Magie der Naturwissenschaften. Durch Ihre Körpertemperatur wird diese Luftschicht erwärmt und sorgt dafür, dass Sie sich selbst schön warm halten: Wenn Sie kurz vorm Gassigehen Ihren Kreislauf anwerfen, umso besser. Diese Schicht kann ebenfalls Merinowolle sein, das hält wärmer als etwa eine Jeans aus Baumwolle! Die Schichten können ruhig dünn sein, wenn Sie die richtige Faser wählen, dann müssen Sie sich nicht groß verpumpfen. Wenn Ihnen jetzt immer noch kalt sein sollte – der eine oder andere Verschwörungstheoretiker spricht ja von einer Erdabkühlung – könnten Sie noch eine winddichte Drittschicht wählen. Und auch auf die Gefahr hin, wie Ihre Mutter zu klingen – die meiste Wärme verliert der Körper über den Kopf, darum immer schön eine Mütze aufsetzen.

———————

Ich hätte gerne einen Ombré-Farbverlauf in meinen Haaren, doch meine Coiffeuse rät davon ab. Sie sagt, diese Färbung würde nur selten gut aussehen. Soll ich ihr glauben? Stefanie H., Olten

Liebe Stefanie, ich stimme Ihrer Coiffeuse zu, den Ombré-Trend mit Vorsicht zu genießen. Ombré, das bedeutet, dass der Haaransatz dunkel bleibt, das Haar jedoch im Verlauf immer heller wird, bis man zu den blonden Spitzen kommt. Wenn es gut läuft, hat die Kundin hinterher eine Färbung, die an eine preiswürdige Siamkatze erinnert, und wenn es danebengeht, dann lauert mit 80-prozentiger Wahrscheinlichkeit das Haarunglück. Was an Salma Hayek und Chrissy Teigen toll aussieht, ist das Ergebnis eines Top-Stylisten und einer persönlichen Föhnassistentin, das ist nicht auf die Realität übertragbar. Sogar Donald Trump sprach sich während der Präsidentschaftsdebatte gegen »Bad Hombres« aus und mahnte zur Vorsicht, obwohl ich nicht sicher bin, ob Donald und ich das Gleiche meinen.

Sie haben vor ein paar Monaten hier über teure, süchtig machende Beautyprodukte und -methoden geschrieben, die den Alterungsprozess zurückdrehen können. Was genau meinten Sie damit? Können Sie konkrete Empfehlungen geben? Anthea F., ohne Ort

Liebe Anthea, ich möchte hier ja nur ungern die Tore zur Hölle öffnen, aber jeder Mensch hat seine Schwächen. Die einen trinken, die nächsten rauchen, wieder andere lassen regelmäßig Fassadenarbeiten beim Beauty-Doc durchführen. Der neueste Stand der Dinge (egal ob Wimpernöffner in der Brow Bar, Jet Peel bei der Kosmetikerin oder der diskrete Charme von Hyaluron) verblüfft mich jedes Mal: Attraktivität ist mittlerweile kein Sieg der Gene mehr, sondern schlichtweg der finanziellen Ressourcen, die man hineinzustecken bereit ist (gewissermaßen das Middleton-Prinzip). All dieser Beautykrempel macht auf den ersten Blick schön und froh, doch man muss sich klar sein, dass diese Anwendungen scharfe Waffen sind. Denn wenn ich heute keine Falten mehr habe, möchte ich morgen vielleicht bessere Lippen. Und was ist mit den ultimativen Augenbrauen? Das Resultat: Hübsche Frauen konzentrieren sich auf minimale Fehler, und schon werden sie zu Nervenbündeln. Grooming (so der neue Oberbegriff für Schönheitspflege) wird also schnell zu einem Fass ohne Boden. Und was subjektives Wohlbefinden angeht, so ist meine Erfahrung nach Sport, ein erfüllendes Hobby, oder, noch besser, Sex ein wesentlich günstigerer Weg, dies zu erreichen. Wenn Sie Leidenschaft ausstrahlen, dann interessiert sich kein Mensch mehr für Ihre Augenbrauen.

Ich würde mir gerne eine Tracht kaufen, die sich an Schweizer Traditionen anlehnt. Für eine Original-Tracht bin ich zu wenig volkstümlich und möchte ich keine 1 000 Franken ausgeben. Kennen Sie trachtenähnliche Kleider, die meiner Idee entsprechen? Karin J., Dielsdorf

Liebe Karin, ein Komitee hat letztes Jahr versucht, eine moderne Version der Tracht zu entwerfen, das Ergebnis sah aus wie ein Dirndl mit Depressionen: schwer, konturlos und entwurzelt. Womit wir auch schon bei Ihrem Dilemma wären: Eine Tracht ist per se volkstümlich und altmodisch – sie bezieht sich auf einen Ort und eine Tradition, es ist ein Kleidungsstück mit einer Geschichte. Das kann sehr schön aussehen, gibt dem Ganzen aber auch eine gewisse Schwere – man kann sie nur zu bestimmten Gelegenheiten anziehen, außerdem sollte es einen Bezug zwischen Trägerin und Ort geben. Ein Dirndl ist das Gegenteil: Es ist leicht, modisch und sexy, es hat seinen Ursprung darin, dass die bäuerlichen Trachten von sommerfrischelnden Urlauberinnen für die Stadt angepasst wurden. Es gibt also keinen Mittelweg. Entweder Sie wählen die Tracht Ihrer Heimat und ziehen die Sache durch (Volkstanz, Volksmusik, Nationalfeiertag) oder Sie besorgen sich ein Dirndl und eröffnen damit Ihre eigene Tradition. Manche Modelle (etwas die Wahnsinnsdirndl von Noh Nee, die wilde afrikanische Stoffe mit bayerischen Schnitten kreuzt) haben einen Weg gefunden, Alpentradition mit Weltläufigkeit zu verbinden. Die österreichische Designerin Susanne Bisovsky hat bei Vivienne Westwood gelernt und düsteren Goth-Charme mit Frida-Kahlo-Wahnsinn gepaart und Lena Hoschek bietet neben traditionellen Dirndln auch Trachtenröcke an, die mit einer leichten Bluse ein sehr lässiges Zitat der Alpentradition sind.

In großen Städten findet man neuerdings Nagelstudios für Herren. Haben Männer verlernt, das selbst zu erledigen? Oder ist darin eine Feminisierung des Mannes zu sehen? Wolfgang S., Solothurn

Lieber Wolfgang, viele Männer halten sich für ungeschickt, möchten aber mit gepflegten Händen herumlaufen, daran kann ich erst einmal nichts Schlimmes finden. Hinzu kommt, dass Männer in Nagelstudios keine French Manicure oder Acrylnägel bekommen, sondern ihre Nägel feilen und die Nagelhaut entfernen lassen, was für mich in die Region Frisur/Rasur/Massage fällt. Männer stehen heutzutage unter Druck, gepflegt und gut aussehend sein zu müssen, ohne dass man ihre Bemühungen auch nur ansatzweise erkennen darf. Dieser Doppelstandard, dem Frauen schon seit Jahrhunderten ausgeliefert sind, gilt nun auch für sie. Und um ja nicht als überpflegt, eitel, oder, Gott bewahre, schwul zu gelten, muss dies auf Inseln erlaubter Wellness zelebriert werden; manche von den Studios geben sich daher extramännlich, indem sie mit Werkstatt-Atmosphäre, Hammer-&-Nagel-Wortspielen, Harleys und Bunny-Magazinen aufwarten. Und ohnehin: Das Vergnügen an Friseur, Nagelstudio und Ähnlichem liegt ja auch darin, dass man ohne Entschuldigung nichts tun darf. Warum sollte man Männern dieses Glück vorenthalten – zumal sie auch häufig eine sehr viel innigere Verbindung zu ihrem Friseur als zu ihrer Frau haben.

Warum muss Wintermode möglichst dunkel, oft sogar schwarz sein? Als Autofahrer ist die Gefahr groß, die Passanten zu übersehen. Warum sind fröhliche Farben für Wintermäntel und Jacken nicht stilvoll? Hans-Jörg S., Zürich

Lieber Hans-Jörg, schwarze Kleidung passt zu jedem Anlass, jeder Farbe, jedem Accessoire, man sieht darin elegant, schlank und intelligent aus. Zudem hat schwarze Winterkleidung Tradition; die flächendeckende Herbst-Verdunkelung der Europäer hat auch damit zu tun, dass man erst Mitte des 19. Jahrhunderts in großem Stile Stoffe färben konnte. Bunte Kleidung war eine Rarität, und bis in die fünfziger Jahre des letzten Jahrhunderts galt ein Mann, der etwas anderes als einen dunklen Wintermantel trug, als schlichtweg unseriös. Dass sich die Sache bis heute gehalten hat, liegt daran, dass schwarze Winterkleidung auch praktisch ist: Sie muss nicht sofort in die Reinigung, nur weil man einmal im Regen auf den Bus gewartet hat. Außerdem ist ein guter Wintermantel eine relativ große Anschaffung – wenn man ihn in einer dezenten Farbe hält, dann kann er über die nächsten zehn Wintertrends triumphieren. Und ich glaube auch nicht an die stimmungsaufhellende Wirkung von roten Wintermänteln – das ist ja so, als würde man seine Depressionen durch Partyexzesse bekämpfen; und etwas Melancholie gehört zum November dazu. Und was die Verkehrssicherheit angeht: Es liegt an den Autofahrern, ihren Fahrstil so anzupassen, dass sie niemanden übersehen. Man kann von Erwachsenen nicht verlangen, dass sie sich aus Sicherheitsgründen in Primärfarben kleiden oder Hand in Hand in Zweierreihen durch die Straßen laufen, damit sie nicht im Verkehr umgenagelt werden.

Ich habe festgestellt, dass ich im Fitnessstudio leicht ver-
wahrlost aussehe – meine Shirts sind uralt und verwaschen,
meine Hosen haben Wollmäuse. Sollte ich mir eine Garderobe mit mehr Stil zulegen? Fabianne L., Zürich

Liebe Fabianne, ich glaube ja, dass gutes Aussehen beim
Sport eine Frage des Sozialstatus ist: je höher der Sozial-
und Bildungsstatus, desto schrottiger die Sportswear – es ist
diese spezifische Art von Verlottertheit, die nur sehr reiche
Bürger oder schrullige englische Landadlige an den Tag legen. Die tragen dann Fruit-of-the-Loom-Shirts von 1983
mit den Tennisshorts vom Vater, und diese Art, einfach keinen Konsumdruck zu verspüren, kann ich nur unterstützen.
In meinem asketischen Sportstudio (es gibt sogar nur eine
Umkleide) laufen alle herum wie aus der Altkleidersamm-
lung, da wäre jede Form von Selbstbarbifizierung vollkom-
men falsch verwendete Energie. Warum auch? Wenn man
mit Tomatenkopf Gewichte stemmt, kann auch keine Fen-
di-Stretch-Leggins für 330 Franken noch irgendetwas rei-
ßen. Und ich finde es ja recht befreiend, wenn man sich wenigstens einen Moment lang von der lästigen Außenansicht
befreit und nur auf sich selbst konzentriert. So viel Innerlichkeit ist in Zeiten der andauernden Selbstdokumentation
bei Instagram natürlich ein abenteuerlicher Gedanke, aber
ich finde es wesentlich wichtiger, dass Sie a) überhaupt Sport
treiben und b) außerhalb des Gyms adäquat angezogen sind.
Es sei denn, Sie benutzen Ihr Fitnessstudio als Partnerbörse,
aber das ist ein völlig anderes Themenfeld.

––––––––––––

Mache ich mich in meinem hohen Alter (40plus) mit einem
Naketano-Pulli lächerlich? Claudia F., Bern

Liebe Claudia, früher wurden ältere Frauen, die sich jugendlich oder sexy anzogen, mit einem knappen »Von hinten Lyzeum, von vorne Museum« herabgewürdigt. Das kann ich nicht gutheißen, auch wenn ich kein Fan grobcordeliger Streetwear bin, die ihre Produkte »Glitzermuschi« oder »Gangbang« nennt. Zudem haben Marken, die überall als Fakes herumflottieren, den Zenith ihrer Coolness bereits hinter sich gelassen. Allerdings bin ich ein großer Fan weiblicher Entscheidungsfreiheit – und diese äußert sich eben auch darin, sich jünger, sexyer, wilder und geschmackloser anzuziehen, als es der Personalausweis vorsieht. Mein Vorschlag zur Güte: Wenn Sie so sehr auf Streetwear stehen, dann gehen Sie in ein Fachgeschäft und fragen Sie einen jungen Menschen (der, den ich neulich in einem Skaterladen konsultierte, hieß Floppy) um Rat. Floppy wird Ihnen sagen, dass Naketano eh aufhört, und Ihnen dann helfen, Gemütlichkeit, Streetstyle und Zeitgeist miteinander zu verbinden.

Ich habe mir eine neue Jeans gekauft, die etwas weiter fällt und weiter oben in der Taille gegürtet ist. Nun sagt meine Freundin, ich würde eine »Dad-Jeans« tragen. Was soll das sein, und wie kombiniere ich sie? Adrian F., per Facebook

Lieber Adrian, über die Dad-Jeans wurde gelacht, seitdem man Barack Obama mit einer hellen, weiten und hochgegürteten Jeans sah. Doch was ist in der Zwischenzeit passiert? Die Dad-Jeans hat die gleiche seltsame Karriere hingelegt wie das Kurzarmhemd und Socken in Sandalen: Das Undenkbare ist der Modetrend des Moments. Schließlich ist Mode auch immer Abgrenzung, und manchmal möchte man nicht mit den Innenstadt-Opfern in ihren skinny Jeans, den Karohemden und den Bärten in einen Topf geworfen werden. Gleichzeitig ist das vermeintlich Hässliche auch die ganz hohe Kunst des Stylings: Für eine lässige Dad-Jeans braucht man einen Kennerblick: Die Anzahl der Gürtelschlaufen muss stimmen (mehr als fünf), der Sitz hoch sein, der Stoff so weich, als ob er schon mehrfach durch den Wäschetrockner gereist wäre. Und, ich möchte Sie nicht entmutigen, trotzdem: Das wichtigste Accessoire für die Dad-Jeans ist ein guter Po – sonst wird aus einem Dad-Hintern schnell ein Sad Hintern.

Ich hatte noch nie besonders viele Haare, doch jetzt, mit Mitte 40, bemerke ich Geheimratsecken und eine kahle Stelle. Sollte ich über Transplantation nachdenken oder ist das würdelos? David P., Bern

Lieber David, manchmal tun mir Männer leid, weil der Druck, gut auszusehen und gepflegt zu sein, fast genau so hoch ist wie bei Frauen. Gleichzeitig aber dürfen sie kaum etwas dafür tun, ohne in den Verdacht zu geraten, eitel, frivol oder ein verhindertes Fußballtalent zu sein. Außerdem ist die Ansage, dass jedem Mann eine Glatze steht, schlichtweg falsch: Sie steht vor allem Männern mit sehr markantem Gesicht und schönem Hinterkopf. Aber wir leben eben auch in einer Epoche, in der man optische Verwehungen nicht kampflos hinnehmen muss. Haarwuchsmittel haben sich als wenig erfolgreich erwiesen, und nichts sieht alberner aus, als die verbliebenen Haare quer über den Kopf zu drapieren. Die Haartransplantation hingegen ist mit Jürgen Klopp und Christian Lindner in der Mitte der Gesellschaft angekommen. Hier kommt es – wie bei allen kosmetischen Prozeduren – darauf an, dass sie gut gemacht sind. Allerdings ist hier eine Kosten-Nutzen-Abwägung geboten: Für 10 000 Franken kann man auch sehr viel Alternativspaß haben.

———————

Seit Längerem bin ich, 19, auf der Suche nach einer neuen Winterjacke. Viele meiner Kollegen tragen Mäntel von Canada Goose, die ich jedoch schrecklich finde. Was für eine Art Jacke würden Sie mir empfehlen, damit ich dennoch nicht frieren muss? Nico A., Zug

Lieber Nico, ich bin kein besonderer Fan von Angeber-Daunenjacken, doch Canada Goose muss man zugutehalten, dass sie die Herkunft ihrer Daunen offenlegen, und versichern, dass diese von toten Tieren gerupft werden. Damit wären wir nämlich beim Daunenproblem angekommen, nämlich dem Lebendrupf aus China, der einen Großteil unserer Daunenimporte ausmacht – und, ja, das klingt so eklig, wie es ist. Was können wir also tun? Es gibt mittlerweile ein gewisses Problembewusstsein bei den Herstellern, Firmen wie North Face, Patagonia, Vaude, Mammut und Bergans haben ein RDS-Zertifikat, mit dem sie die Lieferkette kontrollieren können. Schauen Sie sich den Mason Padded Parka von den Armed Angels an, vorbildlich geht es auch bei Fjällravn zu. Verzichten Sie auf den affigen Fellkragen, der mag für die Inuit hilfreich sein, bei Bewohnern westeuropäischer Großstädte ist er jedoch fehl am Platz. Oder Sie lassen die Sache mit dem Parka sein und kaufen sich eine Cabanjacke, da sehen Sie männlich und erwachsen aus und erfreuen sich auch in zehn Jahren noch daran.

———————

Ich bin 1,80 Meter groß, wirke aber wegen meines schmalen Oberkörpers zierlich und dünn. Selbst Hemden in Größe XS sind zu groß. Im Alltag bin ich eher leger unterwegs. Gibt es einen Trick, wie ich die Figur elegant kaschieren könnte? Jörg T., Biel

Lieber Jörg, je mehr Schichten Sie tragen und desto fester der Stoff, desto mehr können Sie Kleidung benutzen, um Ihre Figur zu strukturieren. Ein T-Shirt kann da weniger für Sie tun als ein Hemd, ideal ist auch ein Jackett mit Schulterpolstern, ein Mantel mit Epauletten oder eine gefütterte Bomberjacke. Allerdings würde ich es nicht übertreiben, nicht dass das Sakko hinterher wie ein Käferpanzer am Träger hängt. Wenn Sie es sich irgendwie leisten können, würde ich Ihnen raten, einen Maßschneider aufzusuchen, ein Hemd dort kostet nicht die Welt. Und ich kann Sie trösten, die Catwalks sind bevölkert von schmalen Männern, der Ruhm von Stilgott Hedi Slimane beruht auf den schmalen Schultern seiner Sixties-Anzüge. Es gibt halt Bernhardiner und Windhunde auf dieser Welt, na und?

Nach fünf Jahren passe ich wieder in meinen Bleistiftrock. Aber kann man den überhaupt noch tragen oder gilt er mittlerweile als Selbstbehinderung? Caroline L., Bern

Liebe Caroline, ein Pencilskirt ist ein Klassiker, seine Raffinesse einzigartig. Er kombiniert altmodische Weiblichkeit (was wäre Marilyn Monroe ohne ihren Bleistiftrock?) mit angeblicher Bürotauglichkeit. Doch Letzteres muss eine Verwechslung mit seiner asexuellen Cousine sein, dem Unterteil des weiblichen Office-Kostüms. Daher gilt der Pencilskirt als Sex-Verstärker mit Machtanspruch, weshalb er so gerne bei sogenannten Powerfrauen in amerikanischen TV-Serien eingesetzt wird (siehe Claire Underwood in »House of Cards« oder auch Meghan Markle, die als als Rechtanwaltsgehilfin durch »Suits« tippelt). Außerdem ist er zurzeit auf allen Laufstegen zu finden (Balenciaga, Prada, Gucci), Sie sind damit also modisch ganz weit vorne. Um nicht allzu gefällig auszusehen, könnten Sie Sneaker, eine blickdichte Strumpfhose und ein Sweatshirt dazu anziehen – oder Sie gehen aufs Ganze und kombinieren ihn mit einem engen kurzen Oberteil und Pumps. Sie machen jedem Mann eine Freude, wenn Sie die Linie von der Taille über die Hüfte bis zu den Beinen betonen. Und gegen Selbstbehinderung helfen ein Schlitz und ein Taxi, man muss ja nicht immer alles auf dem Fahrrad und zu Fuß erledigen.

Es ist trendy, es begegnet einem allenthalben: im Alltag, im Fernseher, einfach überall. Aber meist sieht es einfach nur peinlich aus: Wurde den Männern eigentlich das Rasieren verboten? Escher A., Bern

Lieber Escher, niemand hat irgendetwas verboten, hier ist der freie Wille am Werk. Denn obwohl der Barttrend seit Jahren belächelt wird, ist er nach wie vor beliebt und hat sogar die fast vergessene Barbierskunst in die Innenstädte zurückbefördert. Gründe gibt es genug: Männer mit Bart kommen bei Frauen gut an, das zumindest hat eine australische Uni herausgefunden: Männer mit Stoppelbart wirkten heißer als ihre glatt rasierte oder vollbärtige Version. Und in der Kategorie »Vater/Ehemann« gewannen die Strubbel- und die Vollbärte. Offenbar gelten bärtige Männer als männlich und erfahren, man nimmt ihnen ab, dass sie sich im Werkzeugschuppen auskennen und Dürrenmatt-Lyrik vor dem Einschlafen lesen. Gleichzeitig wird die Auswahl typisch männlicher Charakteristika in unserer Gesellschaft immer kleiner: Mit Gewalt kann man niemandem mehr imponieren, und einstige Männerdomänen wie Tuba spielen, Pittbullbesitz und die Lektüre von Computerzeitschriften werden nun auch von Frauen unterwandert. Da ist ein Bart natürlich eine gute Möglichkeit, auf sein Y-Chromosom zu verweisen. Und nichts verströmt so sehr die Aura von Gefahr und unberechenbarer Männlichkeit wie ein Talibanbart in Kombination mit Parka, Herrendutt und skinny Jeans.

Ich finde den Trend, dass auch ältere Männer quietschbunte gemusterte Socken zu einem dezenten Outfit tragen, einfach super. Daher möchte ich solche Socken verschenken, habe aber Angst, das Äquivalent einer Motivkrawatte aus den 80ern zu erstehen. Worauf sollte ich bei solchen Socken achten? Silvia F., Zürich

Liebe Silvia, die bunte Kontrastsocke war die Antwort der nuller Jahre auf die eintönigen Businessoutfits für Männer. Doch seither hat sich in der Herrenmode einiges getan: Männer spielen ebenfalls mit Hosenlängen und schmaleren Schnitten, und auch die Schuhe werden variantenreicher. Unterhalb des Männerknies ist also viel los, und da wirkt die Socke im orange-pink-schwarz-grauen Camouflage-Stil schnell wie der betrunkene Freund eines Freundes, den man eigentlich gar nicht auf seiner Party haben möchte. Darum hat sich die Knöchel-Couture wieder heruntergedimmt, Socken bekommen nun die gleiche Aufmerksamkeit wie die Krawatte oder die Uhr. Statt Motiven werden grafische Muster oder Polkadots bevorzugt, traditionell britische Sockenfarben wie Rosa oder Lila werden uni getragen. Der modebewusste Mann investiert in Varianten und hochwertige Materialien wie dünne Baumwolle oder Seide – zu Recht, wie ich finde, schließlich ist der Männerknöchel offensichtlich sexuell aufgeladen. Daher würde ich Ihnen zu etwas leiseren Modellen raten: Lieber Muster als Motive, starke Farben stehen für sich allein. Machen Sie einen Bogen um Wassermelonen, Pokemons oder Flamingos – wer will schon Socken verschenken, die lustiger sind als man selbst?

Seit Längerem besitze ich eine Perlenkette, die ich nie umhänge. Im Büro trage ich vielfach Business-Look, zu Hause bin ich mit Pulli/T-Shirt und Jeans/Jupe unterwegs. Wie kann ich eine Perlenkette am besten kombinieren, sodass das Outfit nicht elegant wirkt? Noëlle G., Dietikon

Liebe Noëlle, eine Perlenkette ist eine klassische Schönheit, die jeder Trägerin eine sofortige Triple-A-Bonität verleiht (sehr gut bei Maklergesprächen, meine Erfahrung). Doch im echten Leben schießt man damit schnell über das Ziel hinaus, man wirkt elegant, aber leider auch ein bisschen bieder. Wenn man also nicht wie Jackie Kennedy beim Staatsbesuch rüberkommen möchte, wäre die naheliegende Antwort der Stilbruch: ein Vintage-T-Shirt statt Twin Set, eine Boyfriendjeans statt Shiftdress. Sie könnten auch die Kette mehrfach um den Hals schlingen, sie seitlich mit einer runden Brosche zusammenklippen und so tun, als hätten Sie sie brandheiß bei MiuMiu gekauft; das passt zum schlichten Rundhalspullover, zur farbigen Bluse und zu jedem Kleid. Und googeln Sie Sara Murphy, eine Salondame aus den zwanziger Jahren. Sie trug ihre Perlen am Strand – warum tun wir das eigentlich nicht?

Wenn ich von der Arbeit nach Hause komme, ziehe ich mir gerne etwas Bequemes an. Doch ich frage mich, ob meine schlabbrige Jogginghose das Richtige ist. Ich bin Vater zweier Kinder und möchte ein Vorbild sein. Serge, per Facebook

Lieber Serge, Respekt, in unserer performancebesessenen Gesellschaft sind verbeulte Jogginghosen ja schon fast ein Akt der Anarchie – ich erinnere an das Bonmot von Karl Lagerfeld: »Wer eine Jogginghose trägt, der hat die Kontrolle über sein Leben verloren.« Doch Karl Lagerfeld hat keine Kinder, und es ist ein offenes Geheimnis, dass Eltern kleiner Kinder lieber Schlaf als Sex haben, was evolutionär betrachtet ja auch sinnvoll ist, schließlich braucht man zur Kinderaufzucht Energie und nicht noch mehr Kinder. Doch begeben wir uns zurück auf das heikle Themenfeld des Lazy-Casual-Stils, den natürlich niemand haben will, aber letztendlich alle brauchen: Die Welt ist hart genug, da sollte man es sich wenigstens zu Hause gemütlich machen. Ziehen Sie sich doch etwas Bequemes an, das einen etwas niedrigeren Verwahrlosungsfaktor hat; Athleisure, also Freizeitkleidung mit Tunnelzug, wäre hier einmal richtig eingesetzt (diese Mode kann sogar äußerst hochpreisig werden, wie etwa der dunkelblaue Jogging-Zweiteiler von Thom Brown für 1400 Franken, aber es gibt natürlich etwas ein paar Eskalationsstufen darunter). Sonst sehe ich auch kein Komfortproblem bei eingetragenen, oft gewaschenen Jeans. Und die Sache mit der Vorbildfunktion sollte man ohnehin weniger streng handhaben, Himmel, wenn man immer alles richtig machen will, dann vermittelt man den Kindern doch auch ein etwas hageres Weltbild. Finden Sie lieber heraus, wie Ihre Frau zu Ihrem Look steht: Trägt sie zu Hause Leggings, dann ist Ihr Zuhause eine Bastion des Komforts und ich möchte nicht weiter stören.

Ich trage Pony. Kürzlich bekam ich mit, dass sich viele Menschen lautstark und gemein über Ponyträgerinnen lustig machen, das Netz ist voll davon. Diese riesige Anti-Pony-Fraktion macht mich fassungslos. Was ist an einem Pony auszusetzen? Woher kommt all der Spott? Und wie konnte ich das all die Jahre nicht bemerken? Lisa G., Luzern

Liebe Lisa, ein Pony ist der Bart der Frauen: An manchen schaut er super aus, an anderen matronig, und zumindest einmal im Leben sollte jede Frau einen Versuch mit einer Ponyfrisur gestartet haben. Manchmal geht es daneben, so wie bei der Schauspielerin Emma Roberts, die sich kürzlich bei einer Feier mit einem schnurgraden kurzen Deppenpony zeigte; gleichzeitig gibt es sehr viele Frauen, an denen ein unfrisierter Pony gut aussieht, wie das französische Model Caroline de Maigret, die Königin des melancholischen Zausel-Stylings. Der Pony-Hass kommt meines Erachtens vor allem aus einer Abneigung gegen die geliebten Hits der vergangenen Jahre: Gerade hatte der Pony noch Konjunktur, jetzt hat ihn jeder, und, ach, nichts ist so uncool wie modischer Konsens.

Voller Freude habe ich gesehen, dass die Jeans meiner Jugend wieder angesagt ist: die lange totgesagte Levis 501. Wie style ich sie richtig? Christoph K., Zürich

Lieber Christoph, das Comeback der 501 gärt schon eine Weile vor sich hin – nach Mom- und Dad-Jeans ist es nur konsequent, den Schulhofstil der frühen 90er Jahre aufleben zu lassen. Und wenn anerkannte Sexgötter wie Marlon Brando, Steve McQueen oder Brandon Walsh aus Beverly Hills 90210 sich auf eine Sache einigen konnten, dann muss sich diese Magie doch auch irgendwie auf den Endverbraucher der Gegenwart rückübertragen lassen. Die Jeans hat ja auch etwas angenehm Unaufgeregtes an sich: endlich mal ein hoher Bund, aus dem kein Wammerl herausquillt, keine seltsam groben Kontrastnähte, keine haifischkiemenhaften Waschungen, kein Stretcheinsatz. Stattdessen eine Jeans in verwunschenem Blau, die jede Mode überlebt und die sich weigert, aus jedem Hintern einen aufgesexten Bubble Butt zu machen. Dunkles Blau passt zu Blouson und Lederschuhen, mit der hellblauen Variante können Sie sowohl weiße Hemden als auch T-Shirts anziehen. Die Ü-50-Kohorte meiner Leser muss sich jetzt allerdings entscheiden: Soll die Jeans so aussehen, als ob sie die letzten zwanzig Jahre im Kleiderschrank überwintert hätte? Dann tragen Sie sie einfach wie vorher. Oder möchten Sie lieber Fashion Forward sein? Dann aktualisieren Sie Ihr Drumherum: Pulli an der Gürtelschnalle in die Hose stecken, die Hose hochkrempeln oder übergroße T-Shirts dazu tragen.

Ich überlege, mir der Hitze wegen einige Strings zu kaufen. Leider wird dieses Kleidungsstück bei Männern nach wie vor mit schmuddeligen Gedanken in Verbindung gebracht. Was meinen Sie dazu? Modern oder kritisch? Philip B., Zürich

Lieber Philip, Leser werfen »Hat das Stil?« manchmal vor, wir seien unkritisch und würden alles durchwinken. Kann also sein, dass ich zu gutmütig bin, doch ich kenne Grenzen: Stringtangas für Männer. Warum? Bei Frauen erfüllen Strings einen Zweck: Sie verhindern, dass sich der Saum der Unterhose unter dünnen Stoffen abzeichnet, was gerade unter Sommerkleidern angenehm ist. Doch darüber hinaus ist er aus der Mode gekommen, weil Frauen neuerdings lieber bequeme Wäsche tragen; der 90er-Jahre-Stripperlook ist glücklicherweise passé. Männer sowieso tragen festere Stoffe und weitere Kleidung, darum ist der String keine Notwendigkeit, sondern etwas, was ich mit Borat am Strand oder ältlichen Swingern verbinde. Andererseits sagt das Wort »Unterwäsche« ja auch, dass es Wäsche ist, die Sie unter Ihrer Kleidung tragen – es ist Ihre Privatsache und geht niemanden etwas an. Wenn es Sie also glücklich macht, mit einem wilden Tanga unter Ihrem grauen Anzug zum Vorstandsmeeting zu gehen, dann erfreue ich mich an Ihrem Sinn für Alltagsanarchie. Aber wenn es Ihnen nur um das Belüftungsmanagement im Sommer geht, würde ich an Ihrer Stelle auf sommerkompatible Schnitte und Stoffe setzen. Tragen Sie einen schmalen Baumwollslip, etwa den Sporty Brief von Hanro; Outdoor- und Sportfirmen haben Kunstfasern im Angebot, die besonders schnell trocknen. Ohnehin, bleiben Sie luftig; wählen Sie für Hosen und Anzüge Materialien wie Leinen, Seersucker oder Cool Wool und freuen Sie sich, dass die Männer in den letzten Jahren das Recht erkämpft haben, in Würde kurze Hosen zu tragen.

Gelegentlich (selten!) verschlafe ich morgens und bringe meinen Sohn in aller Eile zum Kindergarten. Dann werfe ich mir einen Trenchcoat über den Pyjama und laufe zu der Einrichtung. Jetzt hat meine Ex-Frau mir gesagt, dass würde einen schlechten Eindruck machen. Ist das wirklich so schlimm? N.N., ohne Ort

Lieber Unbekannter, der Vater (oder die Mutter), der derangiert zum Kindergarten hetzt, weil irgendwer verschlafen, sich vollgekleckert oder den Bus verpasst hat, sie gehören zum festen Ensemble jeder Kindergartengruppe. Kein Wunder: Die morgendliche To-do-Liste aller Eltern ist länger als eine Thorarolle, entsprechend geht auch einiges schief. Und abgesehen davon: Die (seidene) Schlafanzughose hat sich schon lange vom Bett emanzipiert, im Grunde sind Sie modisch damit ganz weit vorne. In urbanen Gebieten also kein Problem, in etwas konservativen Gegenden besteht allerdings die Outcast-Gefahr.

———————

Als Kunststudentin bin ich den ganzen Tag auf den Beinen, meist trage ich silberne Birkenstöcke. Da sie jedoch nicht immer passen, suche ich eine Alternative. Gibt es das? Linn B., Zürich

Liebe Linn, mit Ihrem Bedürfnis nach bequemen Schuhen sind Sie nicht allein: Ich bewältige meinen Laufalltag mit Supergas, Dr.-Scholl's-Sandalen passen, ähnlich wie die Birkenstocks, zu fast jedem Stil. Die Trekkingschuhe von Teva sind mit dem Aufstieg des Ugly Chics plötzlich hochmodisch, ebenso klobige Sneakers. Und die Streber aus dem Silicon Valley setzen auf die Woolbird Allrunners, Turnschuhe aus Merino, die bei Bedarf gewaschen werden können. Insgesamt ist auch die Rückkehr des Mephistoschuhs zu beobachten, der Mathelehrerschuh ist also wieder zurück. Als Künstlerin können Sie sich im Grunde alles unter die Füße schnallen, allein mit Smart-Casual-Wildleder-Loafern könnten Sie Ihr Umfeld noch schockieren.

———————

Anscheinend ist der »Strumpf-Knigge« für Damen überholt. Früher trug die Dame tagsüber helle, dünne Nylonstrümpfe und am Abend dunkle. Heute sehe ich am helllichten Tag ele-

gant gekleidete Damen mit schwarzen oder sogar blickdich-
ten Strümpfen. Bin ich altmodisch? Ingrid Z., Zürich

Liebe Ingrid, ja, in den 50er Jahren war es der Inbegriff
der Verruchtheit, tagsüber schwarze oder dunkle Strumpfhosen zu tragen. Doch die blickdichte Strumpfhose ist seit
den 60ern und dem Minirock angesagt und heute voll im
Frauenalltag angekommen. Gerade wenn es kühler ist, kann
man mit ihr die Laufzeit von Kleidern und Röcken verlän-
gern, und sieht nicht nur warm, sondern auch angezogen
aus. Ich würde sogar so weit gehen und sagen, dass es im
Businesskontext sogar moderner ist, feine Strumpfhosen
in gedeckten Farben zu tragen; hautfarbene Strumpfhosen
tragen heute eigentlich nur noch Flugbegleiterinnen, Mes-
sehostessen und Prinzessinnen – gut zu erkennen an der kor-
rekten Kate, die sich an das Protokoll der Queen hält und
ihre Termine stets in dünnen Nylons wahrnimmt. Ihre neue
Kollegin, Herzogin Meghan hingegen beging mehrfach den
Fauxpas, ohne Strumpfhosen zum Termin zu erscheinen.
Doch seit ihrer Hochzeit scheint sie auf Nummer sicher zu
gehen, bei den Royals also alles wie gehabt. Und solange
kein Termin mit der Queen ansteht, sind dunkle Töne also
immer passend, einzig der Trend, Strumpfhosen als vollwer-
tige Hosen anzusehen, bereitet mir Bauchschmerzen.

Ich, 27, brauche für meinen Job demnächst einen Anzug.
Gerne möchte ich mir ein günstiges Modell kaufen, befürchte
jedoch, als stillos rüberzukommen. Wie könnte ich ihn aufwerten? Julian H., per Facebook

Lieber Julian, es ist natürlich leicht, sich über billige Anzüge lustig zu machen, aber gerade Zara zeigt, dass moderne

Schnitte eben auch günstig sein können. Und es gibt ein paar Handgriffe, mit dem Sie Ihren Fast-Suit aufwerten können: Achten Sie beim Kauf darauf, keine glänzenden Fasern zu wählen. Sie könnten auch schauen, ob Sie einen guten Mid-Price-Anzug (etwa Tiger of Sweden) im Sale oder etwas Edleres im Second-Hand bekommen. Gehen Sie mit Ihrem Anzug zum Schneider und lassen Sie die Ärmel anpassen, einen großen Unterschied macht es auch immer, wenn Sie teure Knöpfe annähen lassen. Tragen Sie ein gut geschnittenes, weißes Hemd (das beste Preis-Leistungs-Verhältnis haben die Herrenhemden von COS). Ziehen Sie bloß Schuhe mit runder Kappe und keine Square Toes an, die verwandeln jeden Mann in einen Handyverkäufer. Ohnehin: Gönnen Sie sich ein Paar guter Schuhe, die heben dann ohnehin (fast) alles.

———————

Ich, 37, sportlich, möchte mir gerne ein T-Shirt mit einem V-Ausschnitt kaufen, doch wie weit kann ich gehen? Oliver F., per Facebook

Lieber Oliver, wollen Sie das wirklich machen? Meiner Meinung nach ist dieser Trend schon lange vorbei, vor allem, weil er auch selten gut aussieht: Ist der V-Ausschnitt zu tief, sieht der Träger schnell nach Bachelor oder Instagram-Opfer aus: Klemmt er irgendwo unter dem Hals, stellt sich die Frage, warum man nicht einfach beim Rundhals-Shirt geblieben ist. Um aber einen Anhaltspunkt zu geben: Die maximale Tiefe für den V-Ausschnitt befindet sich bei Männern etwa auf der Höhe der Achseln. Dann stellt sich noch die Frage der Brustbehaarung: Diese ist zwar ein schönes Zeichen von Männlichkeit, doch das ist kein Grund, diese ständig unter Beweis zu stellen. Halten Sie sich von Ketten fern, besonders von Modellen, deren Anhänger auf naturinspirierten Materialien wie Haifischzähnen, Bernstein oder Holz basieren. Und ein letztes Wort der Warnung: Bei T-Shirts ist der richtige Sitz so wichtig wie bei einem Hemd; wenn Sie also einmal ein passendes Modell gefunden haben, kaufen Sie es am besten in dreifacher Ausführung.

Im TV (etwa bei Fußball-WM-Kommentatoren oder in Talkshows) sehe ich immer wieder Männer, die ein Jackett über einem T-Shirt tragen. Hat das Stil? Bruno H., Chur

Lieber Bruno, ich freue mich, dass sich die Menschen von einengenden Kleiderschichten befreit haben, aber diesen Trend betrachte ich mit Skepsis. Meiner Meinung nach hat es etwas mit Respekt den Zuschauern gegenüber zu tun, sich während einer TV-Übertragung ein ordentliches Hemd anzuziehen. Die von Ihnen beschriebenen Tätigkeiten heißen ja nicht umsonst White-Collar-Jobs, es gibt also keinen Grund, so zu tun, als würde man den ganzen Tag auf dem Dachfirst herumklettern, wenn man espressotrinkend auf dem Computer herumtippt und dann in der Maske Platz nimmt. Bei Fußballtrainern finde ich den Look in Ordnung, schließlich leisten sie ja tatsächlich körperliche Arbeit, darum ist die Leibchen-Assoziation gerechtfertigt. Sportmoderatoren hingegen sehen damit aus wie verhinderte Fußballer; möglicherweise ist dies aber auch eine Anpassung an die Interviewpartner, um präzisere Antworten als »Da muss man das nächste Spiel abwarten« zu erhalten.

Immer wieder sehe ich Frauen, die nur Jeans und weisse Shirts miteinander kombinieren und damit interessant aussehen – mir gelingt das nie. Worauf muss ich achten, damit die Kombination spannender wird? Seraina H., per Facebook

Liebe Seraina, der Normcore-Look ist die ganz hohe Kunst – wie schaffen es manche Frauen, in dieser Kombo wie ein 90er-Jahre-Supermodel auszusehen, während man sich selber darin einfach nur verschlafen fühlt? Ich glaube, es ist das gleiche Phänomen wie mit dem undone Hair – sieht super aus, wenn man Tophaut und naturwelliges Haar hat, mit glatten Haaren und Pickeln wirkt es einfach ungekämmt. Aber gut: Als Allererstes zählt, wie immer, der Sitz der Kleidung – eine taillierte Jeans ist sexy, ein Marleneschnitt elegant, Closed-Jeans feiern ein Revival. Dann wäre da noch die Frage nach den Shirts: Kaufen Sie sich ein nicht zu enges Shirt mit Rundhalskragen, die Könige des Preis-Leistungs-Verhältnisses im T-Shirt-Segment sind H&M Organic und Cos; wer kleinere Öko-Labels unterstützen möchte, kauft bei Phyne.com. Wählen Sie ein Modell aus festem Stoff, die Zeit der superdünnen Shirts à la James Perce ist vorbei, ebenso der gut sichtbare BH. Den lassen Sie weg, ebenso den Gürtel. Ein it-Schuh kann helfen, Sandalen, tolle Boots, angesagte Sneaker, nichts, was nach Crocs und Müllwegbringen aussieht. Eine kleine Tasche ist lässig, ein Mutti-Shopper eher nicht. Und falls Sie jetzt denken, nein, zu viel Aufwand, dann ist das auch okay: Es ist eben ein Look, der in allererster Linie beweist, dass die einfachsten Dinge manchmal die kompliziertesten sind.

––––––––

Wenn ich mit meinen Kindern im Freibad bin, ist mir im Kinderbecken – außer im Hochsommer – oft kalt. Wie finden Sie

es, wenn ich mit meinem Neopren-Shorty Abhilfe schaffe?
Christin S., Zürich

Liebe Christin, das Planschbecken ist doch eine Herausforderung, geht doch das Vergnügen bei der beaufsichtigenden
Mutter und den herumpritschelnden Kindern diametral
auseinander (ich etwa versuche, so gut wie möglich den
Kontakt mit dem »Wasser« zu vermeiden). Warum also
sollten Sie sich das Leben noch schwerer machen, indem
Sie frieren? Ziehen Sie Ihr Neoprenshorty an, damit liegen
Sie ohnehin im Trend: Das Luxuslabel Duskii stellt eine gesamte Kollektion aus Neopren her, mit der die Trägerinnen
wie eine Mischung aus Tiefseeforscherin und Old-School-
Bond-Girl aussehen – ganz Hollywood rennt so herum, und
denen ist vermutlich noch nicht einmal kalt. Sie könnten
aber auch genauso gut bei ihrem Surfanzug aus dem letzten
Nordsee-Urlaub bleiben und diesen burkinimäßig am Kinderbecken zur Geltung bringen. Bella figura spielt in diesem
Segment des Schwimmbads ohnehin eine untergeordnete
Rolle, und je länger Sie am Beckenrand durchhalten, desto
besser schlafen die Kinder am Abend.

Warum sind Blondinen mit dunklen Haaransätzen salonfä-
hig? Für mich sind sie genau so ungepflegt wie ergraute Haa-
ransätze. Agnes B., ohne Ort

Liebe Agnes, regelmäßig gewartete Strähnchen sind teuer,
und nicht jede Frau kann Catherine-Deneuve-mäßig zum
Strähnchengott Christophe Robin gehen und sich für 900
Franken die Ansätze mit vegetarischer Farbe vergolden lassen. Die meisten machen einen Kompromiss aus »Muss mal
wieder sein« und »Passt grad ins Budget/den Terminkalen-

der«, und da fast alle dunkelblonden Frauen, die in der Öffentlichkeit stehen, die Haare irgendwie aufhellen, ist man mit diesem Problem zumindest nicht allein. Zusätzlich sorgen dunkle Ansätze auch noch für Rebellinnen-Assoziationen à la Courtney Love und Kate Moss. Man könnte aber auch noch den Surfurlaub herbeizitieren, bei dem Wellen und Sonnenlicht für Highlights gesorgt haben; dass es dieses Beach-Szenario niemals gab, ändert nichts an seiner assoziativen Kraft. Zudem hat der (übrigens sehr teure) Ombre-Trend Farbverläufe zum Kunstwerk gemacht. Graue Ansätze jedoch werden nicht mit Punk, sondern mit Pension zusammengebracht; der Bruch ist härter, weil er nicht zwischen zwei Schattierungen einer Farbe, sondern zwischen hell und dunkel wechselt; ihm fehlen jegliche modische Referenzen. Sie können das ungerechtfertigt finden und beides als ungepflegt abtun, ich kann mich weder über das eine noch das andere empören: Ich wünsche mir mehr Nachsicht mit schlampigem Beauty-Work – ist doch der Schönheitserhalt zu einem Fass ohne Boden geworden, während die Gender-Pay-Gap seit Jahren stagniert.

———————

Ich habe genug von meinen blonden Strähnchen und würde sie gerne herauswachsen lassen. Gibt es ein Leben in straßenköterblond mit Stil? Jill F., Aargau

Liebe Jill, ja, blonde Strähnchen können toll aussehen, wenn sie gut gemacht und regelmäßig erneuert werden, keine Frage. Doch die Vorteile für unbehandeltes Virgin Hair liegen auf der Hand: Sie sparen Zeit und Geld, das Haar wird weniger brüchig und Sie geraten auch nicht in Gefahr, mit einer Fox-News-Moderatorin verwechselt zu werden. Viele Models haben Mausehaar und großen Erfolg (siehe Cara

Delivigne), und der übergoldene, überföhnte Ladyhelm ist ohnehin zugunsten eines luftgetrockneten Low-Maintenance-Stils von den Hauptstadtstraßen gewichen. Haar-Professionals raten dazu, einen schonenden Übergang mit Lowlights zu versuchen, damit der Wechsel weniger hart ist, aber gut, das müssen die ja auch sagen. Ein Leben in Straßenköterblond gibt es bestimmt, und ich wage zu behaupten, dass die Farbe gut zu Ihrem Teint und Ihren Augen passen wird. Blondes Haar war – und ist – eine politische Entscheidung: Bei Marilyn war es Sex, bei Courtney Subversion, bei Ivanka Opportunismus. Ob Sie mit dunklen Haaren aus dieser Matrix auschecken oder nicht, gibt bestimmt genügend Gesprächsstoff für Blogs, kulturpolitische Proseminare oder Selbererfahrungsgruppen her; die Zeit haben Sie dann ja.

———

Ich habe mehrere Wickelkleider von Diane von Fürstenberg im Schrank. Sind sie nicht mittlerweile aus der Mode gekommen? Milla H., Zürich

Das Wickelkleid von Diane von Fürstenberg gilt seit den Siebzigern als der Inbegriff von Weiblichkeit; es schenkt jeder Frau eine maximale Minimaltaille und verhüllt Po, Oberschenkel und Oberarme, Knie, Waden, Handgelenke und Dekolleté werden betont. Der Fürstenberg-Dress ist also maximal frauenfreundlich und sicht sowohl in Größe 34 als auch in Größe 44 gut aus; es ist, wenn man so will, das Dirndl der Großstädterin. Und obwohl ich auch mehrere DvF-Kleider besitze, hadere ich neuerdings auch mit ihnen – ist so viel Dekolleté wirklich noch angesagt? Sind nicht weite Silhouetten viel moderner, andere Längen interessanter? Ist diese simple Form von Sexyness nicht etwas retro, man möchte fast sagen: trutschig? Wie wäre es mit etwas mehr Lässigkeit, mehr Mut zum modischen Risiko? Doch diese Zweifel sollten kein Grund sein, das Wickelkleid abzuschreiben: Labels wie Ganni, Saloni oder the reformation haben den Look etwas moderner interpretiert; mit Sneakern, Stiefeln, einem hochgeschlossenen weißen Shirt, einer Weste oder einem übergroßen Boyfriend-Blazer verliert es seinen braven Charakter. Gerade der simple Schnitt ist eine Einladung dazu, sich beim Layering auszutoben. Und, auch wenn es geradezu altmodisch erscheint: Sie könnten das Wickelkleid auch weiterhin mit Sandalen und Pumps kombinieren und Ihrem Mann eine Freude machen. Die verstehen modische Avantgarde in der Regel ohnehin nicht und schätzen an Frauen genau das, was das Kleid hervorhebt: dass sie keine Männer sind.

———————

Ich würde gerne eine Tasche von Chanel kaufen; und das, obwohl der Preis exorbitant ist. Kann ich mich damit beruhigen, dass die 2.22 ein Klassiker und somit schon fast ein modisches Investment ist? Larissa F., Biel

Liebe Larissa, wenn Bankberater und Frauenzeitschriften von einem »Investment« reden, meinen sie sehr unterschiedliche Sachen: die einen Vermögensauf-, die anderen Vermögensabbau. Neuerdings setzt sich die Vorstellung durch, dass bestimmte Labels irgendwann an Wert zulegen; und tatsächlich gibt es Meldungen von Handtaschen, die bei Auktionen große Summen erzielt haben. Das ist natürlich verführerisch, aber die Ausnahme. Realistischerweise kann man schlecht voraussagen, welche Handtasche in zwanzig Jahren noch angesagt ist, zudem erzielen auch nur jene Höchstpreise, die ihr Leben nicht am Arm einer Frau, sondern im Staubbeutel im Schrank verbracht haben.

Das ist doch trist. Mein Vorschlag zur Güte: Schauen Sie bei Onlinehändlern wie vestiaire collective nach einem gebrauchten Modell. Oder kaufen Sie sich ein neues Stück fürs Leben, erfreuen Sie sich daran und vererben es irgendwann Ihrer Lieblingsnichte.

———————

Taschen haben den Nachteil, dass sie an langen Tagen zu einseitigen Verspannungen führen. Rucksäcke sind oft ein Mittel zum Stilbruch. Welche Hersteller produzieren Rucksäcke, die Sie in dieser Situation empfehlen können? Sophie P., Bern

Liebe Sophie, jahrelang habe ich der Handtasche das Wort geredet, Rucksäcke seien doch nur etwas für Kindergartenkinder, Selbstmordattentäter und Menschen, die nicht regelmäßig zum Kiesertraining gehen. Doch die Zeiten ändern sich: Der Fahrradverkehr nimmt zu, der Anteil der Menschen, die flexible Arbeitsplätze haben, ebenfalls. Hungrige Computer und deren Netzteile müssen herumgeschleppt werden, Sportkleidung für den Abend. Jeder Luxusdesigner hat jetzt mindestens einen Rucksack im Angebot, doch diese sind nicht nur sehr teuer, sondern meist auch zu klein für den Laptop. Da bieten sich die günstigen Klassiker von Herschel oder Fjällräven an, damit gehen Sie als beschäftigte Pragmatikerin durch und machen nichts falsch. Und obwohl ich eine sehr persönliche Allergie gegen Taschenrucksäcke habe – so wie gegen alle Versuche, praktische Dinge zu tarnen –, könnten Sie sich die Modelle der Schweizer Firma Qwestion anschauen, die bieten verschiedene Modelle im minimalistischen Unisex-Design an.

———————

Ich habe mir schwarze Netzstrumpfhosen gekauft. Kann ich diese anziehen, ohne billig zu wirken? Und wenn ja, was soll ich dazu kombinieren? Bettina M., ohne Ort

Liebe Bettina, mit der Bedeutung der Netzstrümpfe kann man ganze Studiengänge füllen, eines bleiben sie jedoch immer: ein Sexverstärker, gerne von Popstars und Dragqueens eingesetzt. Damit der Look also nicht nach toxischer Weiblichkeit aussieht, würde ich Ihnen raten, das Ganze etwas runterzukochen: Eine Netzstrumpfhose unter einer Hose sieht lässig aus, sexy ist sie auch unter langen Kleidern. Sie könnten sie auch layern und über eine feine schwarze Strumpfhose ziehen oder abgetönte Farben wie Braun, Beige oder Grau wählen, die nicht jedem ins Auge springen; Serena Williams hat kürzlich damit auf dem Tenniscourt für Aufsehen gesorgt. Sie könnten auch anderen Netzformen wählen (etwa asymmetrisch gestrickt wie das Modell Cindy von Wolford), dann besteht auch nicht die Gefahr des Rollschinken-Effekts.

––––––––––––

Ein Freund, 67, und von originellem Charakter sucht eine Art Karakulmütze. Angesichts der Tatsache, dass das Tragen von Pelz heute nicht mehr angezeigt ist, dürfte das gute Stück auch aus anderem Material sein. Leider hat er in der Schweiz bisher vergeblich versucht, eine solche Kopfbedeckung zu finden. Wissen Sie Rat? Barbara S., Salenstein

Liebe Barbara, nein, Sie liegen richtig, Pelz ist durch, keine Frage. Doch wozu plagen wir uns mit dem Kapitalismus ab, wenn er nicht wenigstens unsere Konsumbedürfnisse befriedigt? Es gibt sie, oh Ironie, die vegane Karakulmütze: Sie heißt Astrakhan faux fur, man kann sie bei dem englischen Traditionshutmacher Lock und Co. kaufen. Sie kostet zwar sportliche 350 Franken, aber wenn man afghanische Mode und westliche Tierschutzvorstellungen vereinen möchte, dann hat das eben seinen Preis. Allerdings heißt in der Mode »vegan« gleich »Plastik«, das mag zwar das Tier schonen, aber ob das aus Umweltaspekten besser ist, bezweifle ich. Ich würde lieber ein Vintageexemplar ersteigern, zahlreiche Opis aus dem Jahrgang 1900 bis 1920 hatten so etwas in ihrem Kleiderschrank – das kostet nur einen Bruchteil und versaut den Planeten nicht weiter. Bliebe dann noch die Frage, ob Folkloreadaption kolonialistisch ist oder nicht: Ich würde Ihrem Freund raten, seine Originalität nicht via Kopfbedeckung auszuleben, sondern sich eine gute alte Woll- oder Schiebermütze zuzulegen.

Im Sommer unternehmen mein Mann und ich gerne einen Abendspaziergang im Dorf. Dabei zieht mein Mann seine geliebten Adiletten an. Ich finde das furchtbar – oder sind Badelatschen nur dann stillos, wenn man Socken dazu trägt? Esther K., Dübendorf

Liebe Esther, es gibt bereits zahlreiche schwedisch-schöne Modebloggerinnen, die zeigen, das selbst eine Adilette sie nicht entstellen kann; da passt es auch, dass die Latschen dann euphemistisch als »Pool Sliders« bezeichnet werden und um die 200 Franken kosten. Schöne Schwedinnen in Adiletten, bah! Einzig Bademeister im Dienst und Papis beim Autowaschen dürfen Adiletten tragen. Wenn Ihr Mann die Sache also konsequent durchzieht, dann könnte er en passant zum Stil-Helden Ihres Dorfes werden. Darüber hinaus halte ich Partnererziehung für einen Akt der Autoaggression, der zudem völlig ineffektiv ist. Daher befürchte ich, dass Sie sich mit seinem Geschmack abfinden müssen; sicherlich hat er andere Stärken. Mir fällt gleich eine ein:

Offensichtlich ist es Ihrem Mann egal, was die Nachbarn von ihm denken; das kann doch ein sehr edler Charakterzug sein, und das meine ich absolut Ernst.

Ich finde lange Haare ab einem gewissen Alter schlimm, zumal man sie gleich tonnenweise verliert. Darf ich, Ü 50, mit altersgemäß kurzen Haaren, eine ältere Dame auf ihre dünnen Strähnen aufmerksam machen – zumindest, wenn sie einem nahe steht? Nuria I., ohne Ort

Liebe Nuria, verliert Ihre Freundin tatsächlich Haare in einem besorgniserregenden Ausmaß, dann ist es hilfreich, sie darauf anzusprechen, wer weiß, vielleicht steckt ein gesundheitliches Problem dahinter. Auf der anderen Seite bin ich kein Fan von Sätzen, die mit »In deinem Alter solltest du …« beginnen, da der Alterungsprozess mittlerweile so steuerbar ist, dass jede Frau eine eigene Haltung dazu hat und es keine generellen Regeln mehr gibt. Die eine hat dicke graue Haare und trägt sie in einem wilden Hippieknoten, die andere steckt viel Geld in ihre goldenen Strähnchen. Und auch den Anblick dünner Fisselhaare müssen wir aushalten. Möglicherweise gibt es vorteilhaftere Frisuren, manchmal ist ein Kurzhaarschnitt souveräner als ein seltsam toupiertes Haupt, doch manchmal macht er eben auch sehr alt. Und davon mal abgesehen: In der Regel wissen die meisten Menschen – und vor allem Frauen – genug über ihre Schwachstellen, als dass Supertipps Erkenntniswert mit sich bringen. Jeder hat seinen eigenen Umgang mit der Speckrolle, den Frimelhaaren, den Falten. Man tut seinen Freunden einen größeren Gefallen, wenn man sich auf deren Stärken einlässt; wer Freude an der Selbstoptimierung hat, kann das selbst ausleben.

Unterwegs – im Restaurant und auf Reisen

Sich einfach ins Flugzeug setzen, 99 Franken zahlen und weg – die Vielfliegerkultur hat uns die Augen geöffnet, uns gezeigt, dass in der vermeintlichen Ferne nicht die Wilden, sondern unsere europäischen Nachbarn leben. Wir leben in einer seltsamen Zeit, in der man nicht mehr mit Büchern und Filmen, sondern direkt vor Ort begreifen konnte, wie die Sagrada Familia, die Mona Lisa oder der Grand Canyon aussehen (um sie dann wieder für die anderen zu fotografieren). Der Horizont, er wurde buchstäblich erweitert, die Menschen sind zusammengerückt. Der Zeitgeist hat einen neuen, kosmopoliten Menschentyp geschaffen, der überall auf der Welt Freunde, Anlaufstellen und Restauranttipps hat. Reisen hat seinen elitären Charakter abgestreift, Teenager, Studenten, Wenigverdiener – sie alle können die Welt kennenlernen: Per Mitfahrer-App kann man für zwanzig Franken die Nachbarländer besuchen, für fast nichts auf fremden Sofas schlafen oder ganz pragmatisch die Wohnung mit der Familie in New York tauschen, die schon immer mal Zürich kennenlernen wollte. Und dennoch, wir ahnen es: Die Demokratisierung der Reisekultur hat tief greifende Probleme mit sich gebracht. Da ist zum einen die Umweltsauerei, die Vielfliegerei, Kreuzfahrtschiffe und Kunstschnee mit sich bringen. Der Verlust jeglichen Komforts in Flugzeugen, von Glamour ganz zu schweigen. Städte, die unter der Masse der Touristen kollabieren. Wie also kann man wieder mit Stil reisen, kann man dem Langstreckenurlaub seine Legitimation zurückgeben? Die großen Widersprüche lassen sich schwer auflösen, die kleinen sehr wohl – nämlich der schonende Umgang mit den Menschen, mit denen man sich eine Armlehne, eine Kabine oder ein Kreuzfahrtschiff teilt.

Ist es erlaubt, sich im Flugzeug die Haare zu kämmen oder sich zu schminken? Natürlich ist das nicht gerade die feine Art, aber sonst besetzt man ja stundenlang die Waschräume.
Anne R., Interlaken

Liebe Anne, bei Make-up stellt sich die nach wie vor unergründete Frage: Wer profitiert eigentlich von meinem Lippenstift – ich, weil ich mich schöner und somit besser fühle, oder meine Umwelt, weil sie eine attraktivere Frau anschauen kann? Ginge es nach der Logik von Kosmetikkonzernen, dann schminken Frauen sich nur, um ihre Einzigkeit zu betonen, und nicht für irgendein amorphes Publikum. Doch das glaube ich nicht, ich vermute, die Wahrheit liegt irgendwo in der Mitte. Wenn Sie also Ihre Mitmenschen im Flugzeug mit Ihrer charmanten Art beeindrucken wollen, dann würde ich stark davon abraten, den – ohnehin viel zu engen – Flugzeugsitz in einen Beautysalon zu verwandeln: Haare in der Öffentlichkeit kämmen ist schlichtweg ein Fauxpas – sowie jede andere Schönheitsmaßnahme, die dazu führt, dass man Teile seines Körpers oder seiner Kosmetika in der Umgebung verteilt. Hinzu kommt der Leitspruch meiner Großmutter, dass eine Frau ihre Toilettengeheimnisse für sich behalten soll. Für ein Kurzprogramm kann man sich ohnehin auf der Flugzeugtoilette einschließen, als erwachsene Frauen haben wir es doch gelernt, innerhalb von zwei Minuten Haare und Gesicht zu sortieren. Mein Tipp für einen schöneren Flug: beim Abheben Klassik hören und dann schnell den ersten Drink bestellen. Und um das gute Aussehen können Sie sich am Kofferband wieder kümmern.

Ist es unhöflich, Menschen, die vor einem in der Schlange vor der Sicherheitskontrolle am Flughafen stehen, darauf hinzu-

Liebe Martina, bitte, bitte, tun Sie es nicht. Ich kann Ihr
Bedürfnis, das Alltagsverhalten anderer Menschen in Warteschlangen gedanklich neu und selbstverständlich viel besser zu organisieren, gut nachvollziehen, dennoch: Andere
Menschen schon im Vorhinein zur Eile zu ermahnen, das
ist schlichtweg übergriffig, trägt zur allgemeinen schlechten Laune bei und lässt Sie nur als Meckerliese dastehen.
Ohnehin finde ich, dass bei Warteschlangen eine gewisse
Zen-Mentalität weiterhilft: Denken Sie sich, dass jeder mal
umständlich sein darf – es gibt kein Menschenrecht auf Effizienz, zum Glück. Das beruhigt ungemein und gibt Ihnen
auch selber das Recht, verbimmelt im Weg herumzustehen.
Und was die Situation am Flughafen angeht: Die gesparte
Zeit bringt Ihnen ja so gut wie gar nichts, denn am Gate
müssen Sie ohnehin wieder warten – das Einzige, was Ihnen
entgeht, ist das überteuerte Shopping im Duty-Free-Bereich,
und das ist wirklich nur an sehr wenigen Flughäfen ein wirk-
liches Erlebnis. Sie können erst wieder heckmecken, wenn
das Flugzeug gelandet ist und Sie Ihr Gepäck in der Hand
haben – vorher gibt der Flughafen ohnehin Ihr Tempo vor.

Lieber Eugen, Vielredner sind die Pest und arme Vögel zugleich: Manchmal sind sie einfach nur einsam und so froh,

dass ihnen jemand zuhört – andere sehen sich in irgendeiner altmodischen Pflicht, eine Tischrunde zu »unterhalten« und merken nicht, dass sie gerade einen Abend sprengen. Da ist, je nach Naturell des Redners, eine gewisse invasive Kraft nötig, um den Ballbesitz am Tisch wieder auszugleichen. Das kann mit einfachen Methoden wie der Körpersprache funktionieren (nicht nicken, Mimik einfrieren), man kann auch in einer Atempause in das Gespräch reingrätschen und die anderen Personen miteinbeziehen. Ein Mittelweg ist, den Vielredner mit Namen anzusprechen und seinen letzten Satz zu wiederholen, dann fühlt er sich gehört und wahrgenommen; wenn das nicht wirkt, hilft nur ein robustes Mandat, indem man selber loslabert. Allerdings würde ich zwischen einem einmaligen Event und Problembären im nahen Umfeld unterscheiden – bei Ersterem kann man auch galant darüber hinwegsehen, dass Menschen unterschiedliche Redebedürfnisse haben. Bei Freunden, Kollegen und Verwandten kann man das Verhalten durchaus thematisieren beziehungsweise selber Sprechschneisen schaffen. Genervt herumzusitzen und im Namen der Höflichkeit nichts zu tun, hat nichts mit Etikette zu tun.

Ist Fleisch essen unmoralisch? Martin J., Lausanne

Lieber Martin, ich bin sehr gegen radikale Verzichte, in der Regel führen sie doch nur dazu, dass man sich moralisch so sehr im Vorteil wähnt, dass man an einer anderen Stelle die Sau rauslässt – dass zumindest erklärt die große Zahl an SUVs vor den Bioläden. Außerdem erinnern mich Appelle an Fleischverzicht ein wenig an die Versuche der katholischen Kirche, Sex für unmoralisch zu erklären. Netter Versuch, aber die Menschen werden damit weitermachen, weil es ihnen viel zu viel Spaß bereitet. Außerdem ist es unmöglich, als Mensch in dieser Gesellschaft zu leben, ohne dass dabei andere Wesen zu Schaden kommen – Sie könnten genau so gut auf Jeans verzichten wegen der Umweltsauerei bei der Produktion, auf Nudeln, weil eventuell Eier aus Käfighaltung drin sind, und auf die Nutzung von Facebook, weil dabei viel zu viel unnötiger Strom verbraucht wird. So kommt man also nicht weiter. Ich rate Ihnen also, sich Ihre Schuld als etwas Unvermeidliches einzugestehen, sich damit abzufinden und dann pragmatisch vorzugehen. Wollen Sie, dass Ihr Essen voller Antibiotika ist? Wollen Sie, dass Tiere für Ihren Genuss ein unwürdiges Leben führen? Wollen Sie, dass sie beim Tod unnötig leiden müssen? Vermutlich soll es auch noch gut schmecken? Dann ist die Antwort doch ganz einfach. Kaufen Sie Ihr Fleisch beim Metzger, oder noch besser, beim Bio-Metzger. Erkundigen Sie sich, wie die Tiere gehalten und wie sie geschlachtet werden. Mein Metzger sagte mir, seine Rinder stürben mit einem Bolzenschuss mit Blick auf die Alpen. Finde ich jetzt als Perspektive ganz okay, außerdem ist es derart teuer, dass sich wahre Fleischorgien dadurch von alleine verbieten.

———

Die SBB-Lounge im Hauptbahnhof; alle Gäste sind ruhig. Neben mir ein schlafender Mann, der laut schnarcht. Wecke ich ihn mit dem Hinweis auf sein Schnarchen, das ihm vielleicht peinlich ist, oder lasse ich ihn seinen Schlaf genießen? Sigrid B., Zollbrück

Liebe Sigrid, ich habe ja großes Verständnis für Ihr Anliegen, denn gerade fremdes Schnarchen ist eine Zwangsintimität, die einen an die Grenzen treibt. Trotzdem würde ich hier einmal kurz nachfragen: Handeln Sie wirklich aus Sorge um den Schnarcher oder wollen Sie einfach nur Ihre Ruhe haben? Ersteres eröffnet ein interessantes Dilemma: Darf man einen Menschen vor einer Blamage schützen, die er sonst nicht wahrnehmen würde? Ich meine: nein. Denn Scham ist ein überaus mächtiges Gefühl, das seit Menschengedenken dazu genutzt wird, unsere soziale Struktur zu formen und zu begrenzen – sei es durch den Schandpfahl am mittelalterlichen Marktplatz oder durch Public Shaming im Internet. Da Ausrutscher sich nicht mehr versenden, sondern für immer im Internet archiviert sind, verbreitet sich in unserer Gesellschaft ein Konformitätsdruck, der auch eine gewisse Langeweile als Nebenwirkung hat. Hinzu kommt, dass die meisten Menschen sich ihrer Defizite ohnehin schon bewusst sind und man sie auch nicht sanft am Ärmel ziehen muss, um sie darauf hinzuweisen. Im harmlosen Falle Ihres Schnarchers würde ich ihn also unbedingt schlafen lassen: Denn wenn Sie ihm wecken, dann haben Sie eine Situation geschaffen, in der genau das passiert, was Sie vermeiden wollten: dass er sich schämt. Und falls es das Geräusch ist, das Sie fertigmacht: Wenn Sie fies sind, könnten Sie herumrumpeln, so laut, dass der arme Mensch aufwacht. Oder Sie zeigen Ihren Stil und setzen sich woanders hin.

Ich schreibe Ihnen im Bewusstsein, dass die Diskussionen über Nutzen und Schaden des Rollkoffers öfters kriegsähnliche Formen annehmen. Dennoch möchte ich Sie um Ihre Meinung dazu bitten: Hat die Verwendung eines Trolleys Stil? Oliver G., Basel

Lieber Oliver, Sie haben recht: Der Rollkoffer ist umstritten, sein Image befindet sich irgendwo im Umfragetief zwischen Laubbläser und Segway – man fragt sich unweigerlich, was aus so einfachen und würdevollen Tätigkeiten wie Laub harken und spazieren gehen geworden ist. Statt Gärtner und Flaneur gibt es also Krach, Stromverschwendung und Rollkoffergeräusche. Doch der Rollkoffer ist mitten in der Gesellschaft angekommen, es hat keinen Sinn mehr, sich dagegen aufzulehnen – zumal es ja auch keine Kofferträger mehr gibt, die Ihnen sonst weiterhelfen könnten. Mittlerweile sind Rollkoffer ja so ubiquitär wie ein Bandscheibenvorfall, sodass mir ein Koffer ohne Rollen schon wie ein Vintage-inspirierter Manufactum-Manierismus erscheint. Trotzdem finde ich, dass gerade Männer kurz überlegen sollten, ob es nicht doch möglich wäre, den Koffer zu tragen, zumindest bei holprigem Untergrund: Irgendwie wirkt ein Mann, der sein Gepäck nicht selbst tragen kann, unsportlich, außerdem ist es ein schönes Symbol dafür, dass man dazu in der Lage ist, fest zuzupacken und sein Leben selbst in die Hand zu nehmen. Für Frauen hingegen ist der Rollkoffer ein Akt der Befreiung: Endlich können wir allein reisen, ohne auf den guten Willen anderer Männer angewiesen zu sein. Doch davon abgesehen: Was ist eigentlich aus der schönen Kunst des leichten Gepäcks geworden? Das wirkt eh gleich viel strukturierter, als mit dem halben Hausstand am Check-in aufzuschlagen.

───────────

Hat es Stil, wenn mittelalterliche Akademiker von gewissem Wohlstand nach einer anstrengenden Wandertour zum Dinner in Adiletten erscheinen? Thomas R., Zug

Lieber Thomas, ich mag keine Adiletten, sie sollten Bademeistern und dänischen Modebloggerinnen vorbehalten bleiben. Männerfüße sind für sich genommen schon ein kontroverses Körperteil, eingerahmt in blau-weißes Plastik, puh. Zwar ist eine Berghütte nicht der Ort, an dem es primär darum geht, bella figura zu machen, doch was gerade Adiletten dort zu suchen haben, ist mir unklar. Müde Füße? Zehen schlabbern lassen? Das ist schon sehr viel Intimität. Und wenn es jedoch ein richtiges Wirtshaus war, dann sehe ich diesen Auftritt als kindischen Akt der Rebellion. Wer seinen beruflichen Erfolg benutzt, um zu zeigen, dass man sich jetzt alles leisten kann, dann ist man der beste Beweis dafür, dass man Klasse nicht kaufen kann.

Meine Frau und ich aßen in einem wunderbaren Fünf-Sterne Hotel zu Abend. Dort spielte ein Pianist gekonnt und unaufdringlich, sodass wir nach den Stücken dezent applaudierten. Viele Gäste haben uns fragend angeschaut und dann – fast gezwungenermaßen – ebenso applaudiert. Haben wir mit unserem Applaus bewiesen, dass wir nicht zur Klientel eines solchen Hotels zählen? Daniel O., per E-Mail

Lieber Daniel, natürlich sind wir uns alle einig, dass in dieser Welt zu wenig Wertschätzung unterwegs ist und dass es nie falsch sein kann, jemandem seinen Respekt zu zeigen. Nun ist es allerdings wirklich so, dass Ihr Gefühl Sie nicht getrogen hat – im Speisesaal oder Foyer eines Luxushotels ist es tatsächlich eher unüblich, dem Pianisten zu applaudieren. Die Aufgabe des Pianisten dort ist, sich im Hintergrund zu halten und die Atmosphäre mit seinem Spiel akustisch zu gestalten. Sobald applaudiert wird, bedeutet es, dass sein Spiel zu sehr in das Bewusstsein der Gäste vorgerückt ist. Stilvoller wäre es gewesen, ihn am Ende seiner Darbietung und beim Abschied kurz persönlich zu danken oder auch ein Trinkgeld zu überreichen. Doch nehmen Sie sich diese Szene nicht zu Herzen, es spricht sehr für Sie, dass Sie diese Situation überhaupt in Ihrem Herzen bewegen. Der menschliche Alltag ist gepflastert von harmlosen Mikro-Fehlpässen. Es ist nie eine Schande, jemandem seine Achtung auszudrücken, und ob Sie jetzt zur Klientel des Hotels gehören oder nicht, das entscheiden allein Sie.

Im Herbst unternehme ich eine Kreuzfahrt auf einem Luxusliner und frage mich nun, ob es eine Möglichkeit gibt, dort mit dem Kapitän zu speisen – oder ist es aufdringlich, danach zu fragen? Gustav K., Bern

Lieber Gustav, in der Regel ist es so, dass der Kapitän bestimmte Gäste zum Essen auswählt, nehmen wir mal an, Roger Federer wäre an Bord, der hätte Glück. Eine Extrabehandlung kriegen auch die Bewohner der größten Suiten und Gäste, die besonders häufig an Bord sind. Tja, und da gibt es noch eine dritte Möglichkeit: sich so lange über den Service zu beklagen, bis der Kapitän sich die Zeit für ein Essen mit Ihnen nimmt, um herauszufinden, wo denn nun das Problem liegt. Aber so weit möchten Sie es doch hoffentlich nicht treiben. Ich habe einen Trost für Sie: An den Kapitänen hängt wirklich nur der Glamour der Uniform, der Alphamanngestus und die etwas biedere Traumschiff-Magie. Ich kenne einen Kreuzfahrtkapitän, der sich an Land sofort wieder seine drei Brillanten ans Ohr steckt, verwaschene T-Shirts trägt und wenig mit Respektsperson auf der Brücke gemein hat.

Ich bin alleinstehend und möchte gerne eine Kreuzfahrt unternehmen. Kann man das als Frau überhaupt? Karla G., Basel

Liebe Karla, leider haben Sie mir jetzt Ihr Alter nicht genannt, weil das für die Antwort entscheidend ist, so ungern ich das auch schreibe. Auf Kreuzfahrtschiffen sind viele ältere Damen alleine unterwegs, oft haben sie geerbt oder sind im Alter zu Wohlstand gekommen. Für diese Klientel ist ausreichend gesorgt, es gibt Treffen für Alleinreisende und auf manchen amerikanischen Schiffen auch sogenannte Gentlemen Hosts, die mit ihnen plaudern und tanzen. Ich bin mir aber nicht sicher, ob dieser Service für jüngere Frauen überzeugt. Auf der Queen Mary 2 traf ich einmal einen Gentlemen Host, ein rüstiger 70-Jähriger in einem mit Fröschen bestickten Anzug, der abwechselnd meine Mutter und mich mit den Worten: »Sie sind doch sicherlich Schwestern« oder »Sie müssen ein Model sein«, zum Tanzen aufforderte. Auf einem anderen Luxusliner war ich einmal alleine unterwegs, mit dem Resultat, dass man mich für eine »Künstlerin« hielt. Ich habe daraus den Schluss gezogen, dass es für eine Frau in meinem Alter doch etwas verdächtig zu sein scheint, alleine in einem Sammelbecken für Millionäre unterwegs zu sein, was vermutlich jede Kreuzfahrtlinie bestreiten wird.

Meine Eltern haben mir einen Flug von Zürich nach Los Angeles in der Business-Class geschenkt. Muss ich mich dafür passend anziehen oder ist es stillos, dort völlig durchgestylt anzukommen? Sophia V., Bern

Liebe Sophia, fantastisch! In der Business-Class bekommt Fliegen wieder einen Mad-Man-haften Charme, man erfährt endlich, wie es sich angefühlt haben muss, als Fliegen noch etwas mit Glamour und Weltläufigkeit zu tun hatte und nicht mit Armlehnen-Verteilungskämpfen und angeblichem »Essen«. Eine engelsgleiche Flugbegleiterin spricht

Sie mit Ihrem Namen an, deckt Ihren Tisch mit Geschirr und es gibt ein Menü, das diesen Namen auch verdient. Was Ihren Look angeht: Es gibt beim Reisestyling zwei Schulen. Die einen Frauen versuchen, sich so bequem wie möglich anzuziehen, die anderen feiern den Moment und donnern sich auf wie Carrie Bradshaw auf dem Weg nach Abu Dhabi (Cocktaildress, Pailettensombrero). Meiner – leider sehr limitierten Erfahrung nach – hat ein Interkontinentalflug in der Business den Charakter einer exklusiven Schlummerparty. Die Gäste dort sind eher bequem angezogen (teuer-bequem, um genau zu sein), ein paar Männer hatten auch etwas Pyjama-Hausanzug-Ähnliches dabei. Die Airline stattet Sie wahrscheinlich mit Schlafbrille, Ohrstöpseln und Hausschuhen aus, ich nehme außerdem immer einen Kaschmirschal und eine Feuchtigkeitscreme mit, denn gegen die fiese Flugzeugluft ist auch die Business machtlos. Davon abgesehen werden Sie Ihren Trip genießen, und nicht, wie in der Economy üblich, um zehn Jahre gealtert am Ziel ankommen.

Neulich saß ich im ICE mit einem bekannten Schauspieler an einem Tisch, er spielte mit seinem Sohn und fragte mich, ob mich das störe. Ich verneinte, dann wandte ich mich wieder meinem Buch zu. Hinterher fragte ich mich, ob es besser gewesen wär, ihn anzusprechen, als so zu tun, als würde ich ihn nicht erkennen. Gerda S., Vernier

Liebe Gerda, ich finde, es ist Prominenten zuzumuten, in der Öffentlichkeit kurz angesprochen zu werden – denn die meisten haben ihren Ruhm billigend in Kauf genommen, wenn sie ihn schon nicht als Selbstzweck sehen. Er ist ein ideales Kapital, das wieder in Geld verwandelt werden kann, zumindest solange man nicht als Frauenmörder oder Opfer der Schönheitschirurgie bekannt wurde. Sollte es der sogenannte »Star« wirklich so ärgerlich finden, soll er sich eben nicht in einen Zug setzen, sondern in sein Auto. Doch kommen wir zu Ihnen: Nur weil es okay ist, eine Berühmtheit anzusprechen, sollten Sie es nicht automatisch tun. Denn ein reines: »Sie sind doch Barack Obama, kann ich ein Selfie mit Ihnen machen?«, kommt natürlich nicht besonders geistreich rüber. Wenn Sie also etwas halbwegs Intelligentes oder Freundliches zu seinem Werk zu sagen haben, dann könnten Sie die Gelegenheit nutzen und ein kurzes Gespräch beginnen. Allerdings sollten Sie im Hinterkopf behalten, dass Ihnen noch eine mehrstündige gemeinsame Zugfahrt bevorstehen könnte und gescheiterte Kommunikationsanläufe etwas unangenehm sein können.

Meine Freundin regt sich jedes Mal über die vor ihr sitzenden Passagiere auf, die den Sitz sofort nach dem Start nach hinten klappen – neulich entbrannte sogar ein Kleinkrieg. Das war natürlich peinlich, doch verstehe ich den Unmut. Patrizia F., via Facebook

Liebe Patrizia, früher buchte man Business oder Economy, heute fliegt man Sardine: Im Flugzeug wird jeder Kubikzentimeter höchstbietend verkauft, und wer die billigste Variante wählt, der wird gnadenlos in einen Mikrositz gequetscht – Dichtestress galore. Bedanken Sie sich bei den Fluglinien, oder, ach was, bei den Menschen, die ständig auf der Suche nach den billigsten Tickets sind: hüstelhüstel. Ich habe kein Mitleid mit Ihrer Freundin: Bereits beim Buchen eines Tickets sind uns unsere Körpermaße und die Kippfunktion des Sessels bekannt, die übrigens auch zu unserem

Vorteil wirkt (außer in der letzten Reihe, aber das ist jetzt ein anderes Thema). Sollte es aus gesundheitlichen Gründen unmöglich sein, so zu fliegen, dann muss man mehr Geld in Extraraum investieren, fast alle Fluglinien bieten kleinere Upgrades an. Zudem ist es angesichts der Sardinenatmosphäre empfehlenswert, einen nervenschonenden Umgang mit den anderen Reisenden zu pflegen: Sollte ein Mitreisender Sie bitten, nach vorne zu rücken, weil er nur noch mit T-Rex-Armen tippen kann, wäre es natürlich höflich, den Sitz wieder ein Stück nach vorne zu schieben. Auch Ihr Hintermann freut sich über eine Vorwarnung, wenn Sie kippen, und ist dankbar, wenn Sie beim Essen etwas Platz machen. Trösten Sie Ihre Freundin: Nachdem es in den letzten Jahren vermehrt Streit wegen der Lehnen gab, fangen die ersten Fluglinien jetzt an, Sitze ohne Rückklappfunktion einzubauen – einfach nur, damit Ruhe herrscht. Ich habe übrigens kein Problem mit sinkenden Standards und Flug-Hass: Fliegen kann ruhig schmerzvoll oder teuer werden, vielleicht nehmen wir es dann wieder als das Privileg wahr, das es früher einmal war.

———————

Auch in der 1. Klasse der SBB positionieren nicht nur jüngere Hipster, sondern auch gestandene Geschäftsherren ihre sockenbestückten oder sogar unverhüllten Füße auf den Sitzplätzen oder Lehnen. Wie reagiert man stilvoll? Oder empfehlen Sie stoisches Ignorieren? Andreas B., Basel

Lieber Andreas, der öffentliche Raum ist auch nicht mehr das, was er einmal war: Seitdem wir mit dem Smartphone überall persönliche oder sogar intime Konversationen starten können, benehmen wir uns beim Reisen nicht mehr wie in der Bahn, sondern wie im Bad. Und so ist man plötzlich mit

Socken und Nacktfüßen konfrontiert, weil die Menschen ihren Sitzplatz in ihr persönliches Territorium verwandeln. Gerade bei Langstreckenflügen ist zur Normalität geworden, seine Schuhe auszuziehen, und es wäre schön, wenn die Reisenden für diesen Fall ein Paar frische Socken oder Hausschuhe dabeihätten. Was Schuhe auf Sitzen angeht, so gibt es die alte Schule, dies mit einer untergelegten Zeitung zu tun. Das hat allerdings nur dann Stil, wenn man auf einer längeren Reise unterwegs ist; auf der Fahrt von Stadelhofen bis zum Hauptbahnhof ist das eher peinlich. Wichtig ist dann auch, dass das Abteil halbwegs leer ist: Denn selbst wenn die Verdreckungsgefahr gebannt ist, so ist es immer noch ein Affront, den Mitmenschen seine Fußsohlen zuzuwenden; dazu braucht man gar nicht bis nach Thailand zu reisen, das finden auch die Menschen aus dem Thurgau unhöflich. Und wenn der Geruch Sie stört, dann kann man das auch so sagen: »Entschuldigen Sie bitte meine offenen Worte, aber ich bin sehr geruchsempfindlich und Ihre Füße riechen ein wenig« – ein höfliches Anstupsen sollte reichen, um den Füßling für den Rest der Reise zu beschämen.

———

Meine Kollegin wurde von ihren Schwiegereltern zu einer Kreuzfahrt eingeladen und beschwert sich nun – zu klaustrophob, zu old fashioned, schrecklich. Ich finde diese Haltung dekadent und frage mich, ob ich das zum Ausdruck bringen soll – oder ob ich dann als hypermoralisch dastehe? Edith K., Bern

Liebe Edith, wie reagiert man auf Kreuzfahrtgejammer – also die Klagen wohlhabender Menschen über Probleme, die sie überhaupt nur aufgrund ihrer Privilegien haben? Natürlich sind Geld und Larmoyanz eine nervige Kombination – andererseits ist es schwer zu sagen, wann jemand zu privilegiert ist, um genervt zu sein. Allein der Besitz eines Schweizer Passes wäre für Milliarden Menschen ein Geschenk des Himmels – sollte man selber also die Klappe halten, wenn einem der Bus vor der Nase wegfährt? Ich rate also davon ab, Menschen mit Reden à la »Dir geht's wohl zu gut« auf den Jan-Kath-Teppich zurückzuholen. Fragen Sie doch, warum die Reise ein Problem ist – weil Megageschenke meist an Wohlverhalten gekoppelt sind? Weil sie nicht das Standing innerhalb der Familie hat, ein Reiseziel durchzusetzen, das ihr auch gefallen würde? Falls hinter der Klage jedoch die einfache Angst vor dem Ferienhaus-Syndrom stehen sollte (Urlaub in einer unglücklichen Konstellation, nur ohne Fluchtmöglichkeit zum Supermarkt), dann können Sie sie trösten: Kreuzfahrtschiffe sind riesig, sie bieten tonnenweise Ablenkung, Programm und Alkohol – die Reederei trifft ganz sicher keine Schuld.

Ich war bei Freunden zum Abendessen eingeladen. Während die Gastgeberin ein geschmackvolles Nachtessen angerichtet hatte, schlürfte der Gastgeber die Suppe wie ein Berserker. Mir war das peinlich, weil ich nicht wusste, ob und wie ich mich stilvoll verhalten sollte. Muss man über solcherlei Stillosigkeit hinwegsehen? Michael T., Bischofszell

Ich fürchte ja, lieber Michael. Als guter Gast sollten Sie es vermeiden, andere Menschen in Verlegenheit zu bringen. Seien Sie taktvoll und halten Sie sich mit Kritik zurück. Und wenn jemand anderes keine gute Kinderstube genossen hat, dann ist es kein Grund, dass Sie die Ihre vergessen. Ein Fauxpas ist menschlich, und wir alle wünschen uns Nachsicht, wenn mal etwas danebengeht. Takt ist eine unauffällige Tugend (im Gegensatz zu den Showponys Dankbarkeit und Großzügigkeit), und doch läuft ohne sie nichts.

Kürzlich hat mein Lebenspartner sechs (!) Weißwürste gegessen. Kann das in einem solchen Ausmaß noch Stil haben? Ist Fleischkonsum in diesen Mengen gar maskulin und sexy? PS: Es handelt sich hierbei um eine Ausnahme. Sophia M., Luzern

Liebe Sophia, ach ja, die Wurst ist die neue Zigarette, wir alle sollen maßvoll und achtsam leben, unser Konsum möglichst ethisch und unser Körper höchst gesund sein – und was macht Ihr Freund? Fällt in patriarchalisch-prollige Selbstunterdrückungsstrukturen zurück und stopft sich mit Würsten voll. Da flattert das zarte Akademikerherz! Allerdings möchte ich ihn hier verteidigen: Weißwürste sind etwas sehr Schönes; zudem reizen sie durch ihre weiche Konsistenz und den süßen Senf dazu, mehr als nötig zu konsumieren. Der normale Bayer verspeist drei und hält das schon für eine Ausrede, um Sex zu haben, sechs sind schon wirklich sehr viel. Aber was wäre ein Leben ohne Exzesse? Low Carb, digital Detox, Fastenwandern in Appenzell, das ist ja alles schön und gut, aber das bringt auch nur dann Spaß, wenn man auf der anderen Seite auch den einen oder anderen Rausch hinlegt. Die einzige Stilfrage, die ich mir stelle: Hat er sie denn überhaupt richtig gegessen? Wenn er die Wurst vor zwölf Uhr gegessen, die Haut ordentlich filetiert, und die Wurscht mit Weißbier, einer Brezn und süßem Senf begleitet hat, dann ist doch alles in Ordnung. Einmal habe ich auf dem Oktoberfest einen Preißn gesehen, der seine Weißwurst Hot-Dog-ähnlich in eine Semmel gestopft hat, ich weiß nicht, was aus ihm wurde.

Muss man die Stoffserviette auf dem Schoß platzieren und gelegentlich dezent den Mund abtupfen, auch wenn man das Besteck inzwischen so gut im Griff hat, dass man nicht kleckert? Zumal sich ein roter Kussmund auf einer weißen Stoffserviette auch nicht eben gut macht. Nathalie B., Allschwil

Liebe Nathalie, wirklich, vorneweg: Ich finde, dass Manieren kein Selbstzweck sein sollten, sondern immer auf etwas verweisen sollten, was über ihre reine Existenz hinausgeht, sonst sind es nämlich Manierismen. Im Falle der Serviette ist es ja klar, dass es sinnvoll ist, sie als eine Art Rettungsnetz auf den Schoß zu legen, selbst dann, wenn man dazu in der Lage ist, mit Messer und Gabel zu essen. Sich aber den Mund abzutupfen, ohne dass es notwendig wäre, erscheint mir albern. Allerdings gibt es eine Ausnahme: sich nämlich den Mund abzutupfen, bevor man zum Glas greift, um keine Fettspuren am Rand zu hinterlassen. Aufmerksame Sommeliers tauschen aus diesem Grund auch zwischendurch die Weingläser aus. Und was den Lippenstift angeht: Die korrekte Faltung der Serviette auf dem Schoß sieht vor, dass Sie sie mit den aufeinandergeklappten Enden zu sich zeigend auf den Schoß legen: So können Sie sich mit der Innenseite den Mund abtupfen. Etwaige Flecken bleiben verborgen und auch Ihre Kleidung kommt nicht mit dem Schmutz in Berührung. Wenn Sie aufstehen, kommt die Serviette in Europa übrigens links neben Ihr Gedeck, in den USA auf den Stuhl. Und dank der Falttechnik sitzt Ihr Nachbar dann auch nicht neben Ihren Lippenstiftspuren.

———

Wir tischen unseren Gästen gerne vor dem Dessert noch eine Käseplatte auf. Aus ökonomischen und ökologischen

Gründen lege ich auch bereits angeschnittene Käse dazu, damit er nicht im Kühlschrank vergammelt. Ist das stillos? Irene B.

Liebe Irene, obwohl mich Ihre Formulierung etwas beunruhigt, dass der Käse sonst möglicherweise vergammelt, finde ich Ihr Vorgehen angesichts der perversen Menge weggeschmissener Lebensmittel richtig. Und ich bin mir sicher, dass Ihre Gäste weder eine finanzielle Last für Sie sein möchten noch erwarten, dass Sie Ihren sozialen Status mit teuren Zwischengängen beweisen; Sie wollen doch einen guten Abend miteinander verbringen und keine Adelshochzeit feiern. Ohnehin wird Käse im Laden meist von einem größeren Stück abgeschnitten; und in Restaurants werden Käseplatten ebenso zusammengestellt. Ich würde die Zweitverwertung allerdings nicht explizit erwähnen, und es ist selbstverständlich, dass der Käse ordentlich zugeschnitten ist; Käse-Kannibalismus geht natürlich nicht. Aber wenn Sie einen richtig tollen Roquefort im Kühlschrank haben – und nur dann lohnt sich das Manöver –, dann ist das doch für alle Beteiligten ein guter Weg.

Mein Mann und ich trinken jeden Abend Wein. Da er sich immer wieder nachschenkt, fragt er mich wiederholt, ob er mir auch nachschenken solle. Obwohl ich ausdrücklich ablehne, tut er es dennoch. So werde ich schnippisch, mein Mann behauptet das sei Anstand. Helene G., ohne Ort

Liebe Helene, Ihr Mann hat natürlich recht, wenn er sagt, dass es eine Frage der Höflichkeit ist, nicht nur sich nachzuschenken, sondern die Gläser der anderen am Tisch sitzenden Personen aufzufüllen. Das gilt besonders für Herren, die am Tisch idealerweise die Dame mitbedenken. Aber in Ihrem Fall setzt er sich über Ihren expliziten Willen hinweg, sogar auf die Gefahr hin, dass danach miese Stimmung entsteht. Dabei ist die Grundlage für Etikette doch der Respekt gegenüber den Mitmenschen – alle Formalitäten sind sinnlos, wenn das Grundverständnis für den anderen fehlt. Es geht doch beim guten Benehmen darum, dass der andere sich gut aufgehoben fühlt, und nicht, dieses als Terrorinstrument à la »das macht man aber so« einzusetzen. Und davon mal abgesehen: Ein »Nein« ist ein »Nein«, und das gilt besonders im Umgang mit Wein – niemand muss sich dafür rechtfertigen, wenn er gar keinen oder nur wenig Alkohol trinken mag.

Ich habe in einem Spitzenrestaurant einen Tisch für mich und drei Herren reserviert und erhielt eine Speisekarte ohne Preise. Ich sagte dem Kellner, dass ich dies nicht in Ordnung finde. Er hat sich mit Tradition herausgeredet und unseren Tisch für einige Zeit gemieden. Das Essen war vorzüglich, doch war das rechtlich zulässig? Melanie E., Toggenburg

Liebe Melanie, erst einmal vorneweg: Der Damenkarte, ein Fossil aus den 50er Jahren, begegnet man heute nur noch in der Spitzengastronomie, und selbst da sehr selten. Etwas geläufiger ist sie in Frankreich, also in einem Umfeld, in dem man davon ausgeht, dass es sich gehört, dass der Herr die Rechnung bezahlt.

Je nach politischem Standpunkt kann man das jetzt entmündigend oder charmant finden – ich meine ja, dass Männer ruhig die Restaurantrechnungen der Frauen übernehmen können, so als pauschales Dankeschön fürs Schönsein und Geschenkeinwickeln. Rein rechtlich gesehen ist die Damenkarte in Ordnung, da Sie die Preise im Aushang vor dem Restaurant oder auf Verlangen in der normalen Karte einsehen könnten. Der Kellner wäre jedoch dazu verpflichtet gewesen, Ihnen auf Wunsch diese Karte auszuhändigen. Beleidigte Kellner, die Tische meiden, das geht natürlich auch nicht; Sie hätten sich im Nachhinein ruhig beim Geschäftsführer beschweren können. Aber ich bin ja davon beeindruckt, dass Sie trotz der pampigen Reaktion des Kellners die Nerven bewahrt haben – sehr opportun im Sinne Ihres Geschäftsessens. Um nicht zu sagen: äußerst damenhaft.

---

90. Geburtstag der Mutter. Sie wird zum Essen eingeladen, alles vom Feinsten. Danach bestelle ich Schwarztee mit Milch. Mir wird ein Glas heißes Wasser serviert, darauf ein Beutel Earl Grey. Warum wird Tee so lieblos serviert? Gabrielle V., Basel

Liebe Gabrielle, es gibt tatsächlich ein Thema auf der Welt, zu dem noch nicht genug gemeckert wurde; es ist der lausige Umgang mit Tee. Selbst in guten Restaurants fristet er sein trauriges Dasein im Regal irgendwo zwischen Pflichtcola und klebrigem Ananassaft. Und während der dynamische Kaffeemarkt mittlerweile über Maschinen verfügt, mit denen auch der ignoranteste Hilfskellner einen guten Cappuccino hinkriegt, so ist das Aufgießen von Tee immer noch mit Liebe verbunden. Dabei muss ein Teebeutel nicht automatisch schlimm sein; loser Tee ist auch kein Garant für Qualität. Außerdem sind Beutel einfacher zu handhaben und weniger kleckeranfällig als loser Tee, zumal jeder Gast ja seine eigenen Teegewohnheiten hat. Und Hoffnung naht: Gerade Luxushotels haben den Afternoon Tea für sich entdeckt, eine gute Art, die Lobby am Nachmittag zu füllen. Dort wird der Tee auf leicht kolonialistisch-aristokratische Weise aufgebrüht, mit Etageren aus Silber, Gurkensandwiches und Scones. Für Chichi dieser Art bin ich natürlich zu haben, und es gibt meist auch mehr als sechs Sorten losen schwarzen Tee – laut den Profis vom Schweizer Teeclub ein Kriterium für einen professionellen Umgang mit Tee. Die haben auch in Basel einige Empfehlungen für Teetrinker, etwa das Restaurant Hasenburg und das Löwenzorn.

Kürzlich war ich in ein Sternelokal eingeladen. An einem Nachbartisch saß eine Familie mit einem Kleinkind, das herumlief und zeterte. Da das Personal nicht reagierte, bat der Gastgeber die Eltern höflich, das Temperament des Kindes zu zügeln. Reaktion: Die Familie verließ das Restaurant, wir wurden vom Chef gerügt, das »kinderfreundliche Image« zu schädigen. Aber was wäre richtig gewesen? Martin C., Brunnen

Lieber Martin, leider kann ich Ihrem Brief nicht entnehmen, ob Sie zuerst mit dem Personal gesprochen haben; dieses vorzuschicken wäre der Königsweg gewesen. Grundsätzlich meine ich, dass eine teure Speisekarte keine Garantie für eine kinderfreie Umwelt sein sollte; manche Sternerestaurants geben es her, dass Kinder im Eingang oder im Garten herumlaufen, andere wiederum sind so angelegt, dass es sich von alleine verbietet, sie mitzunehmen. Denn egal, was besserwisserische französische Erziehungsratgeber sagen, man kann kleine Kinder eben nicht vollständig kontrollieren. Darum sind Restaurantbesuche mit Kindern unter fünf meist ziemlich anstrengend; einer nörgelt immer und das Saftglas fliegt auch gleich um. Doch ein lautes Kleinkind durch ein

Sternelokal toben zu lassen, ist weder kinderfreundlich noch eine erzieherische Maßnahme, sondern elterliche Faulheit und schlechter Stil. Das Restaurant bei freundlicher Kritik gleich zu verlassen, zeigt ja auch, dass die Eltern nicht dazu in der Lage sind, dies souverän zu verarbeiten. Erstaunt bin ich auch über die Reaktion des Restaurantchefs. Anstatt Ihnen Vorwürfe zu machen, hätte er darauf achten sollen, dass es gar nicht erst zu einer Auseinandersetzung kommt, oder diese moderieren sollen; er hat ganz einfach seinen Einsatz verpasst.

Neulich waren wir in einem einfachen Restaurant zum Abendessen. Nach der Mahlzeit schminkte ich mir diskret und ohne Spiegel die Lippen mit Lippenstift. Meine Schwägerin behauptete danach, dies sei ein No-Go, dazu gehe man auf die Toilette. Hat sie Recht? Maria H., ohne Ort

Liebe Maria, generell ist es so, dass Körperpflege und Restaurationsmaßnahmen am Tisch zu Recht verpönt sind. Hinzu kommt, dass es niemals souverän wirkt, sich in Gesicht und Haaren herumzufingern. Ein weiterer, ziemlich fieser Aspekt, ist der der Sprezzatura: nämlich die hinterhältige Forderung an Frauen, immer gut auszusehen, die Bemühungen darum aber nicht sichtbar zu machen. Wie heißt es so schön aus dem 50er-Jahre-Beautyklassiker »Schön sein, schön bleiben«: Eine Frau behält ihre Toilettengeheimnisse für sich – daran konnten auch hundert Jahre Frauenbewegung und Beyoncé nichts ändern. Der Lippenstift ist allerdings eine Ausnahme: Früher war es unproblematisch, sich schnell und diskret im Restaurant die Lippen nachzuziehen, da er zur Grundausstattung von Frauen gehörte. Heute, wo

Frauen lieber Wimperntusche tragen, ist die Akzeptanz gesunken, im Businesskontext erst recht.

Zugleich hat ein anderes soziologisches Phänomen die Oberhand gewonnen: die Frau im Stress. Die ist es gewohnt, sich in der U-Bahn und an der Ampel schnell die Lippen nachzuziehen, ganz einfach, weil sie viel Verantwortung und wenig Zeit hat. Sogar die Queen wurde dabei schon beobachtet, und die weiß nun wirklich, was sich gehört. Um zu Ihnen an den Wirtshaustisch zurückzukehren: Vermutlich haben Sie vergessen, dass diese Geste als erotisches Signal gedeutet wird – dagegen ist grundsätzlich nichts zu sagen (das Leben ist ja schon fad genug), aber Beifall von der falschen Seite ist auch anstrengend. Aber um Sie zu beruhigen: Ihre kleinherzig fiese Schwägerin hat das viel größere Knigge-Problem.

———————

Neulich grillten wir mit Freunden, die den Nachtisch mitbrachten. Was kam, war ein Low-Fat-Tiramisu, Joghurt statt Mascarpone, Süßstoff statt Zucker. Es schmeckte okay, aber ist es nicht ein Affront, Freunden ungefragt Diät-Essen vorzusetzen? Karen U., Sankt Gallen

Liebe Karen, ich finde ja, dass diese Low-Fat-Variante vor allem nach Low-Geschmack klingt, aber egal. Ich bin fest davon überzeugt, dass zum guten Leben Gipfeli dazugehören und dass einem die Figur das auch verzeiht, solange man seinen Alltag nicht wie eine Muschel auf einem Stein verbringt. Low-Fat-Produkte hingegen erregen in mir die gleiche Abscheu wie Wurstwaren ohne Fleisch, die vegetarische Wurst von der Rügenwalder Mühle (? Ist das in der Schweiz ein Begriff? Sonst die Firma streichen) ist für mich das Ende der Zivilisation. Entweder man entscheidet sich für einen hochkalorischen italienischen Nachtisch beziehungsweise für die Wurst und lernt, auch mit den ambivalenten Gefühlen des Genusses klarzukommen, oder man steht zu seinem Calvinismus und lässt es eben. Aber um Ihre Frage zu beantworten: Ich glaube nicht, dass das Low-Fun-Tiramisu ein Affront gegen Ihre Figur war, auch wenn Diätessen ungefähr den gleichen Charme wie eine Faltencreme hat. Vermutlich gehören Ihre Freunde einfach zu den Menschen, die alles genau richtig machen möchten, und selbst da gibt es kein Entkommen. Denn wie reimte Joachim Ringelnatz so schön: Jeder spinnt auf seine Weise, der eine laut, der andere leise.

Gerne laden wir Freunde zum Essen ein. Einige verfügen über enormes Sitzleder und machen auch nach sechs, sieben Stunden keine Anstalten, heimzugehen. Es freut uns, dass sich unsere Freunde bei uns wohlfühlen. Andererseits möchten wir den Abend zu einer humanen Zeit beenden. Wie geht man stilvoll damit um? Andy C., Zürich

Lieber Andy, so nett die Freunde auch sind, es hat keinen Sinn, neben ihnen zu hocken und stumm vor sich hin zu märtyrern – es müssen klare Worte her. Es ist zumutbar, seinen Freunden zur gewünschten Zeit freundlich mitzuteilen, dass der Abend sehr schön war, aber dass man jetzt müde sei und es Zeit für den Aufbruch ist. Sie könnten noch eine Erklärung dranhängen, Sie müssten früh raus, dieses oder jenes erledigen. Sollte dies nicht ernst genommen werden, wiederholen Sie Ihre Bitte: »Es war ein schöner Abend mit Euch, aber ich bin leider todmüde.« Sie werden sehen, dass Ihr Besuch mit dieser neuen Linie klarkommen wird – sollte er es wider Erwarten nicht tun, dann stellen sich ganz andere Fragen, nämlich nach dessen Einfühlungsvermögen.

Und machen Sie sich keine Sorgen um Ihre Reputation als Gastgeber: Es ist weder egoistisch noch unhöflich, auf die eigenen Kräfte Rücksicht zu nehmen. Und zu guter Letzt: Die englischen Begriffe für Gast, »guest«, und Gastgeber, »host«, gehen beide auf das indogermanische Wort »ghostis«, Fremder, zurück. Das uralte Stammwort gibt einen Hinweis auf die Rollenverteilung zwischen Gast und Gastgeber: Diese stehen in einem wechselseitigen Verhältnis zueinander.

––––––––––––

Letzten Samstag hat ein guter Freund zum Dinner eingeladen. Zum Abschluss servierte der Gastgeber eine kleine Auswahl an erlesenen Käsesorten. Als ich darum bat, die Rinde meines Käses nicht wegzuschneiden, wurde ich von einigen Gästen zurechtgewiesen, dass es »grusig« sei, die Rinde zu essen und außerdem auch ungesund. Ist das wirklich so stillos? Nadia L., Zürich

Liebe Nadia, das kommt ganz auf den Käse an. Bei manchen Käsesorten sollte man die Rinde wirklich nicht mitessen, nämlich dann, wenn sie aus Wachs, Paraffin oder Kunststoff ist. Sollten Sie also die rote Umhüllung vom Babybell mitgegessen haben, tja, dann war das wohl ein Fehler. Manchmal wird auch der Konservierungsstoff Natamycin gegen Schimmel verwendet, der in der Medizin bei Pilzinfektionen eingesetzt würde. Da ist es sinnvoll, die Rinde etwa fünf Millimeter abzutrennen oder gleich Bio-Käse zu kaufen. Die Rinde von natürlich gereiften Sorten und Rohmilchkäse hingegen kann sehr wohl mitgegessen werden, ebenso die von Blauschimmelkäse. Diese ist manchem Käseesser allerdings zu aromatisch, weshalb sie manchmal weggeschnitten wird. Und sagen Sie Ihren Freunden, dass man die Rinde vom Parmesan sogar aufbewahren sollte, denn die macht sich sehr gut in der Minestrone. Warum? Weil Parmesan einen sehr hohen Glutamat-Anteil hat. Da hätten Sie bei den empfindsamen Essern gleich den nächsten Gruselschocker gelandet.

Bei einer Einladung ist mir das Malheur passiert, mit derselben Person ein zweites Mal anzustoßen. Leider ist dies nicht unbemerkt geblieben und hat Kommentare ausgelöst wie: »Das bringt Unglück.« Natürlich glaube ich das Letztere nicht, aber was hätte ich denn entgegnen können? Walter H., ohne Ort

Lieber Walter, der Klimawandel, der Brexit und die Brangelina-Trennung – vielleicht doch kein Zufall? Aber Verschwörungsetikette hin, Aluhut-Rituale her, es gibt einige Mythen und Regeln über das richtige bzw. falsche Anstoßen. In unserem Kulturkreis gilt es als unhöflich, sich dabei nicht in die Augen zu sehen, nach meinem Wissen wird das mit sieben Jahren schlechtem Sex geahndet. Alle anderen Regeln sind weniger rigide: Gläser möglichst nicht am oberen Rand aneinanderklingen lassen, weil sie dort am zerbrechlichsten sind, und auch nicht maßkrughaft aneinanderkrachen, sondern im 10-Grad-Winkel anstoßen, dann ertönt auch ein zartes Kling. Ohnehin ist das Anstoßen ein wenig aus der Mode gekommen, angeblich ein mittelalterlicher Brauch, mit dem entweder der König das Fest eröffnete oder man durch das gegenseitige Überschwappen sicherstellte, dass kein Gift im Kelch war. Halten wir es doch mit dem dezenten Zuprosten, das passt ohnehin doch gut zum sterilen Zeitgeist. Bleibt also nur eine Antwort: »Auf die Apokalypse.«

Ich liebe Petersilie, weshalb ich regelmäßig (also eigentlich immer) meine Peterli-Garnitur in Restaurants verzehre – was immer wieder zu irritierten Blicken und Kommentaren führt. Ist es wirklich stillos oder darf ich weiterhin im Sinn von Nose-to-Tail meine Peterli-Deko essen? Maja R., Zürich

Liebe Maja, ich finde Ihr Vorgehen sehr sympathisch, darum mache ich mich jetzt mit Ihrer Sache gemein und rufe zum Verzehr aller Dekoelemente auf dem Teller auf – bis aufs letzte Schirmchen. Und auch auf die Gefahr hin, hier moralisierend zu wirken: Essen aus vermeintlicher Höflichkeit wegzuwerfen ist doch obszön, wir wissen doch mittlerweile, dass unsere Gesellschaft sehr dysfunktional hinsichtlich Produktion und Vernichtung von Lebensmitteln organisiert ist – das braucht niemand zu unterstützen. Und außerdem möchte ich auch ein kleines Loblied auf die Petersilie halten, die doch in den letzten Jahren zugunsten der vermeintlich glamourösen Rucola (the artist formely known as Rauke) oder dem Koriander vom Teller gefegt wurde – toller Dank dafür, dass sie sich jeder Speise klaglos anpasst. Bevor ich hier aber auch noch anfange, die attraktivitätsfördernden Vorzüge der Petersilie aufzuzählen (sie hilft gegen Blähbäuche und gegen Mundgeruch) und Sie mit Ihrer Petersilieliebe am Ende noch streberhaft dastehen, verhashtagge ich sie lieber zu einem neuen Lebensgefühl. #parsleyisforlovers – die Imagekampagne kann losgehen. Guten Appetit!

Gerne lade ich Gäste zum Abendessen ein; doch ich mag es nicht, wenn sie »mithelfen«. Trotzdem bringen sie oft zusätzliches Dessert mit. Das nervt mich, weil Sahne und Apfelkuchen die Reihenfolge zerstört, ich das Geschirr noch am Abend säubern muss und das Gefühl bekomme, bei mir gäbe es nicht genug zu essen. Wie soll ich reagieren? Adriana O., Solothurn

Liebe Adriana, ich habe lange über Ihre Frage nachgedacht (die im Original viel ausführlicher war) und ich kann mich einfach nicht über zu viel Nachtisch erregen. Klar, wir haben gelernt, nein heißt nein, und Respekt ist ja immer richtig. Aber es gibt Ausnahmen, zum Beispiel, wenn es um etwas so Flüchtiges und Harmloses wie ein Dessert geht. Machen Sie sich nicht die Mühe, Ihre Freunde zu reglementieren – Essen zurückzuweisen ist immer eine ungute Geste. Als Gastgeberin sollte es für Sie Priorität haben, dass die Gäste sich wohlfühlen, die perfekte Planung ist dabei nur Mittel zum Zweck. Behalten Sie im Kopf: Niemand möchte Sie kränken, indem er einen Nachtisch mitbringt, es ist nett gemeint, auch wenn es Sie nervt und Ihre Planung durcheinanderbringt. Treten Sie einen Schritt zurück, freuen Sie sich über Ihre Freunde, die schön gedeckte Tafel und die gemeinsame Zeit. Und eventuelle Zankapfelkuchen schicken Sie in Zukunft einfach zu mir in die Redaktion. Ich bin wie der zuverlässige Partygast, der die Bierreste aus den vergessenen Flaschen leer trinkt – nur mit Nachspeisen.

––––––––––

Ich verzichte seit ein paar Monaten auf Alkohol. Ich habe gerne und oft Gäste zum Essen. Ist es okay, den Gästen nicht einmal mehr Alkohol anzubieten, wenn sie bei mir zu Gast sind, oder geht das gar nicht? Bis jetzt habe ich immer noch alkoholische Getränke angeboten. Stefan P, aus Zürich

Lieber Stefan, an Nahrungsmittelverzichte aller Art sind wir ja mittlerweile gewöhnt, egal ob vegetarische Kindergartenkinder, Mütter ohne Milchprodukte oder Männer auf

Zuckerentzug. Wichtig ist bei all dem nur, dass man nicht anfängt, seinen Ernährungslifestyle als Thema Nummer eins zu betrachten und andere Menschen mit Geschichten über kurzkettige Kohlenhydratverbindungen zu langweilen. Was Ihre Rolle als Gastgeber angeht, würde ich jede Form von missionarischem Eifer vermeiden: Sie könnten eine originelle Saftbegleitung organisieren und Ihre Gäste mit kalt gepresstem Rote-Bete-Gurkensaft überraschen, das passt zu unserem cleanen Zeitgeist. Allerdings würde ich Ihnen ans Herz legen, trotzdem eine Flasche Wein als ernst gemeinte Alternative bereitzuhalten, einfach nur, damit Sie sich das Leben nicht unnötig schwer machen. Denn Abendessen ohne Alkohol verlaufen gerne etwas schleppend, und am Ende machen die Gäste den Gastgeber dafür verantwortlich.

Ob eingeladen, als Gastgeber oder zu viert in einem Restaurant, meine Frau und ich begegnen permanent dem Trend, dass sich befreundete Paare beim Anstoßen mit einem Glas Wein danach auf den Mund küssen. Wir tun dies nicht und kommen uns zunehmend deplatziert vor. Hat das Stil? Ernst F., Biel

Lieber Ernst, ich stehe Ihrem Problem mit gemischten Gefühlen gegenüber. Einerseits finde ich, dass es in dieser Welt gar nicht genug Zärtlichkeit geben kann, darum kann ich mich nicht über vereinzelte Bussis oder ineinander verschränkte Hände empören – gerade bei älteren Paaren ist es doch anrührend zu sehen, dass Liebe kein Verfallsdatum hat. Aber in Gruppen oder vor Freunden gibt es Grenzen, nämlich alles, was über einen Kuss zur Begrüßung oder zum Abschied hinausgeht. Denn egal ob Geld, Ruhm oder Liebe, es gehört sich nicht, sein Glück zur Schau zu stellen: Man weiß ja nie, wer gerade Liebeskummer hat, über einer Sofa-Beziehung verzweifelt oder seinen Partner jedes zweite Wochenende am Bahnhof einsammeln muss. Zudem teile ich Ihr Unbehagen gegenüber romantischen Gesten in der Öffentlichkeit: Küsse über Sektgläsern, rote Rosen und Badewannen mit Teelichtern, das alles wurde schon so lange von RTL 2, dem Bachelor und Romantikhotels durch den Fleischwolf gedreht, dass diese Bilder und Gesten für Liebende ruiniert sind – etwas eigentlich Schönes hat etwas Abgeschmacktes bekommen. Und zu guter Letzt: Man sollte es schon aus Selbstschutz unterlassen: Nur die wenigsten Menschen sehen beim Küssen gut aus – das ist ein bisschen wie unter der Dusche singen, es fühlt sich in der Regel nur für einen selber gut an, während es auf Außenstehenden einen etwas seltsamen Eindruck macht.

———————————

Ich habe vor Ostern nicht gefastet, sondern mich weiterhin normal und gesund ernährt. Nun bin ich am Sonntag zu einem üppigen Brunch eingeladen – hat das Stil, da zuzulangen, wenn man sich weder spirituell noch körperlich darauf vorbereitet hat? Robert T., Zürich

Lieber Robert, wenn es für Sie weder einen gesundheitlichen noch einen spirituellen Grund zum Fasten gibt, dann spricht zunächst wenig dafür: Warum das Leben schwerer machen als nötig? Trotzdem erlebt Fasten gerade eine Renaissance, nämlich weil es ein guter Weg ist, dem täglichen Überangebot zu begegnen. Denn wenn jedes Gebet sofort von Amazon, Tinder oder Foodora erhört wird, kommt uns nämlich ein bittersüßes Gefühl wie Sehnsucht abhanden. Und wir ahnen, dass wir sie brauchen, damit unsere Errungenschaften nicht platt und zweidimensional vor uns liegen. Fasten ist eine Antwort auf dieses Zivilisationsproblem, und es müssen ja auch nicht gleich 40 Tage ohne Essen in der Wüste sein. Es reicht ja auch, zeitweise etwas zu streichen, was für sich genommen schön und gut sein kann, in erhöhter Dosis aber zu Selbstekel und Problemen führt: Zucker, Pinot Noir, soziale Netzwerke, jeder hat da sein eigenes Kryptonit. Dabei will ich Ihnen nicht Ihren Osterbrunch ausreden, gutes Essen und Freunde gehören zu den Kombinationen, die einen für die Widrigkeiten des Lebens entschädigen. Und wenn Sie ohnehin einen ausgepegelten Lifestyle haben, dann sind Restriktionen auch weniger dringend nötig. Wenn Sie sich also normal und gesund beim Buffet bedienen, sehe ich kein Problem für Ihren Brunch, und wer weiß, vielleicht ist es auch gar nicht so schlecht, gelegentlich über die Stränge zu schlagen: Denn manchmal muss man auch das Maß verlieren, um es hinterher wiederzufinden.

Es klingt seltsam, aber ich kann Kuchen und Torten nicht ausstehen. Jahrelang habe ich mich durch Cremetortenstücke gequält, doch da ich selber Rücksicht auf Vegetarier, Veganer, Carb- und Gluten-Vermeider, Fasten-Fanatiker usw. nehme, frage ich neuerdings nach einem Brot. Die Reaktion ist wenig verständnisvoll, die meisten sind beleidigt. Ist es unhöflich, Kuchen auszuschlagen? Nana F., per Facebook

Liebe Nana, eine Zeit lang war es üblich, über die Essenswünsche von anderen Menschen zu spotten: Die einen essen keine kleinen Tiere, die anderen gar keine, und dann erst die irren Veganer. Lustig! Doch mittlerweile sind wir einen Schritt weiter: Es hat sich nämlich die Erkenntnis durchgesetzt, dass Essensregeln weniger der weiheartigen Selbstüberhöhung des eigenen Körpers dienen sollen, sondern vor allem eine Strategie sind, mit dem Nahrungsüberfluss zurechtzukommen. So weit, so tolerant. Ich kann mir auch nicht vorstellen, dass Menschen sich ernsthaft darüber ärgern, wenn ihr Gast keine Torte mag, außer man hat explizit zum Tortenessen geladen und dann gibt es Beschwerden. Sollte die Torte eher zufällig Ihren Weg kreuzen, lehnen Sie sie höflich, aber bestimmt ab. Kaffee und Kuchen ist ohnehin eine überflüssige Mahlzeit, kein Mensch muss um 16 Uhr etwas essen; auch kein Käsebrot. Vielleicht ist es diese Forderung nach einer Alternative, mit der Sie Menschen vor den Kopf stoßen. Es ist ja nicht so, dass Sie als Vegetarier zu einem Abendessen geladen sind und nun hungrig neben dem Braten sitzen. Lassen Sie es gut sein, trinken Sie Ihren Kaffee, das reicht.

Ich trage oft und gerne Lippenstift und lasse damit natürlich Spuren an Trinkgläsern und Kaffeetassen zurück. Das ist mir peinlich, darum wische ich immer unauffällig herum – um meine Spuren zu verwischen, sozusagen. Doch hat das Stil? Theres F., Basel

Liebe Theres, bitte hören Sie auf, daran herumzuwischen! Erstens geht Lippenstift nur sehr schlecht ab, und zweitens lenken Sie damit nur unnötige Aufmerksamkeit auf den Fleck, und am Ende sehen Sie wirklich so aus, als würden Sie Beweismittel vom Tatort verschwinden lassen. Angeblich lassen sich Spuren vermeiden, wenn man das Glas vorher befeuchtet (im Klartext: anleckt), weil Lippenstifte nicht wasserlöslich sind. Aber Ordnungsliebe hin, lösungsorientierter Journalismus her, das kann ich als Stil-Tante ja wohl niemandem raten. Ich würde Ihnen vorschlagen, einen dieser bombenfesten Lippenstifte zu wählen, wie etwa Lipfinity von MaxFactor. Den habe ich einmal zur Probe getragen und der ließ sich nur mit Gewalt entfernen. Außerdem rate ich dazu, dass Sie das Glas nur an derselben Stelle benutzen und einfach dazu stehen, dass Sie hier zwei hedonistische Vergnügen, nämlich Wein zu trinken und dabei gut aussehen zu wollen, miteinander kombiniert haben.

Mein Mann hat mich in ein französisches 3-Sterne-Restaurant eingeladen. Leider hat mir das Essen überhaupt nicht geschmeckt. Roher Fisch und Meeresfrüchte, klein geschnitten oder püriert, viel Salz, auch im Dessert. Wie hätte ich mich nun verhalten sollen, als das Servicepersonal fragte, ob es uns geschmeckt hätte? Was hätte ich meinem Mann sagen sollen? Monika F., Liestal

Liebe Monika, die Frage, ob es geschmeckt hat, ähnelt der Frage, wie es denn so ginge: Man erwartet selten eine ehrliche Antwort, sondern ein höfliches »Gut«. Ohnehin sollte man als Koch/Servicemitarbeiter misstrauisch werden, wenn das Kompliment erst auf Nachfrage kommt. In Ihrem Fall frage ich mich, wie Sie auf die Idee gekommen sind, pürierte Meeresfrüchte zu bestellen, und ob es nicht weniger avantgardistische Alternativen auf der Speisekarte gab. Versalzenes jedenfalls sollte man immer bemängeln, und je früher Sie den Service über den Fauxpas informieren, desto eher kann er den Fehler korrigieren und den Abend retten. Dass Ihre Wahl Ihnen generell nicht schmeckt oder Ihnen der kulinarische Schwerpunkt des Restaurants nicht zusagt, fällt leider eher in den schlecht beleuchteten »Selbst schuld«-Bereich des Lebens, deshalb würde ich darüber kein Wort verlieren. Und was Ihren Mann angeht: Freuen Sie sich darüber, dass Sie ihn haben. Vielleicht war der Abend kein Bringer, aber alleine, dass er willens und dazu in der Lage ist, Sie in ein solches Restaurant einzuladen, ist ein guter Grund, die pürierte Würfelqualle mit extra viel Champagner herunterzuspülen.

Kürzlich habe ich gelesen, dass man nun nur noch von Familien mit kleinen Kindern zum Brunch eingeladen wird. Ist der Trend zum üppigen Frühstück vorbei? Ausra B., Basel

Liebe Ausra, ja, der Brunch hat in den letzten Jahren einen starken Ansehensverlust hinnehmen müssen: Es gilt als Gentrifizierungsmarker, als Schrottessen, als Mahlzeit für jene, die am Wochenende keine Verantwortung tragen müssen. Ein kanadischer Kulturkritiker hat sogar den Zusammenhang zwischen der Gig-Economy, der Abstiegsangst der Mittelklasse und dem Brunch hergestellt. Ich habe die Argumentation leider nicht verstanden, aber es ging um das Klischee der emsigen urbanen Gestalten, die erst ewig im Café herumsitzen und dann zu Hause »Existenzangst« googeln. Der Brunchhass ist sogar bei Mariah Carey angekommen, die auf Twitter: »Come on – I don't do Brunch« postete; und der berühmte Küchenchef Anthony Bourdain schrieb einst, dass Brunch letztendlich nur zur Resteverwertung der Vorwoche diene. Brunch, halten wir fest, ist der Cupcake unter den Mahlzeiten, immer gut für einen billigen Witz. Vielleicht auch, weil er auch kulinarisch etwas in die Jahre gekommen ist: Würstchen, gebratene Champignons und Egg Benedict, ein Quark mit Pflicht-Physalis, dazu 100 Milliliter frisch gepresster Orangensaft für zehn Franken, dafür lohnt es sich eigentlich nicht, das Bett zu verlassen. Denn unsere Frühstücksgewohnheiten haben sich extrem individualisiert: Manche Leute kommen morgens nur mit einem Espresso in Fahrt, andere wollen lieber ihre Bowl oder ein Avocadobrot; dazu passt dieses üppige Brunch-Konzept nicht mehr. Trotzdem glaube ich, dass die harsche Kritik fast nur von über 40-Jährigen stammt, deren Lifestyle kein sonntägliches Herumtrödeln im Café mehr erlaubt und die neidisch auf die rotäugigen Feierbiester blicken, die dort gerade den Vornamen der Zufallsbekanntschaft der vorigen Nacht erfahren.

Mein Ehemann und ich sind unterschiedlicher Meinung: Ich finde, dass er mir im Restaurant die Platzwahl überlassen sollte, damit ich in den Raum schauen kann. Er aber sagt, dass er auch lieber so säße und so nie die Wahl hätte. Ist es stillos, wenn ein Herr den besten Platz wählt, oder hat sich das mit der Zeit geändert? Helena D., Basel

Liebe Helena, jeder Tisch hat einen Powerplatz, das wusste DaVinci, das weiß jeder Praktikant und jeder Mafiaboss – denn hier sitzt der (oder: diejenige), der den Durch- und Überblick hat. Aber muss man sich auch im Privatleben mit Machtspielchen herumschlagen? Und, ja, früher war es üblich, dass der Herr der Dame den Premiumplatz zugewiesen hat, aber das waren die Zeiten, in denen keine Preise auf den Damenkarten standen und es kein Frauenwahlrecht gabt, tempi passati. Natürlich ist es charmant, wenn der Herr der Dame die Tür aufhält und ihr den schönsten Platz zuweist, aber jede Beziehung geht in die Binsen, wenn Gesten der Wertschätzung nur in eine Richtung gehen. Ihr Mann hat Ihnen gegenüber einen Wunsch geäußert, da können Sie jetzt nicht auf die Etikette beharren – vor allen Regeln gelten die Regeln des Herzens. Und Sätze, die mit »Ich darf nie« oder »Nie kriege ich« beginnen, klingen ohnehin sehr nach

Stellvertreterkrieg. Vielleicht wagen Sie einen Kompromiss: Setzen Sie sich nebeneinander oder im rechten Winkel zueinander, dann können Sie Händchen halten und über zerstrittene Paare lästern.

Ich arbeite in der Innenstadt, in der die Restaurants zwar gut sind, aber leider auch ins Geld gehen. Deshalb bin ich dazu übergegangen, zum Mittagstisch kein Getränk zu bestellen, da dies meist verhältnismäßig teuer ist. Doch ist das stillos? Tobias P., Bern

Lieber Tobias, die Mineralwasserflasche im Restaurant ist bald so beliebt wie eine zänkische Ex-Frau: Wie kann man für so wenig so viel Geld verlangen? Und warum steigt der Preis immer weiter? Und dann immer wieder das Dauerthema kostenloses Leitungswasser! Ach, die Seiten sind zerstritten: die entnervten Gäste, die zehn Franken pro Flasche Wasser zahlen müssen, wo man doch das Leitungswasser im Ausland karaffenweise angeliefert bekommt. Und die Wirte, weil sie sich fragen, wie sie eigentlich auf ihre Kosten kommen sollen (Stichwort: Miete). Eine Annäherung scheint unmöglich, solange die Essenspreise durch Getränkepreise niedrig gehalten werden. Womit wir bei Ihnen sind, lieber Tobias: Die Wirte können ihr Geschäftsmodell mit Gästen wie Ihnen nicht aufrechterhalten. Ob Ihr Verhalten – täten es alle – die Restaurants in den Ruin treibt oder eine andere Preisstrategie hervorbringt (etwa pro Gedeck zu zahlen), kann man natürlich schwer sagen, das kalkuliert jedes Restaurant anders; auf lange Sicht hätten Sie entweder Ihr Lieblingsbistro nicht mehr oder ein teureres Gericht, und das ganz ohne Wasser. Rechtlich sind Sie zwar nicht verpflichtet, Getränke zu bestellen, doch die Grenze zwischen

Sparsamkeit und Geiz ist hier schmal. Ich würde an Ihrer Stelle eine Mischkalkulation aus eingetupperten Bürosalaten und ordentlichen Restaurantbesuchen betreiben – das ist günstiger und gesünder, und Sie sparen genug Geld, um beim nächsten Lunch einen Weißwein dazu zu bestellen.

Letzthin ging ich mit einer Kollegin Kaffee trinken. Als wir das Lokal verließen, wies sie mich darauf hin, dass man den Stuhl wieder an den Tisch zurückstellen sollte. Zu Hause mache ich das, aber im Restaurant? Habe ich eine Knigge-Regel verpasst? Thomas B., Gossau

Lieber Thomas, manchmal bekomme ich Post von Lesern, die nicht fassen können, mit welch kleinteiligen Problemen sich diese Kolumne so befasst. Dabei ist Ihre Frage ein Beispiel dafür, dass im ganz Kleinen das ganz Große abgehandelt werden kann. Denn, nein, es gibt keine offizielle Regel, die besagt, dass Sie im Restaurant die Stühle zurückschieben müssen. Es wird Ihnen auch niemand einen schlechten Eintrag in das Logbuch Ihres Lebens schreiben. Trotzdem bin ich der Auffassung, dass es viel über einen Menschen aussagt, wie er mit dem Eigentum oder der Zeit anderer Menschen umgeht – gerade wenn es um Kleinigkeiten geht. Denn wahre Höflichkeit zeigt sich ja nicht darin, dass man zu seinem Chef nett ist, sondern zu denen, die in der Hierarchie unter einem stehen: der Putzfrau, dem Kellner, der Praktikantin, dem Berufsanfänger am Schalter. Denn mit diesen Menschen gut umzugehen, mag einem zwar keinen unmittelbaren Vorteil bescheren, zeigt aber den wahren Charakter Ihrer Freundlichkeit: l'art pour l'art.

Mein Mann, den ich sehr schätze, spricht am Tisch mit vollem Mund. Mich stört das vor allem in Gesellschaft, da wir in kultivierten Kreisen verkehren. Nun spreche ich ihn immer wieder einmal darauf an, meist unter vier Augen, letzthin aber auch, als wir eingeladen waren. Meist reagiert er schon, ist aber gereizt. Was raten Sie mir? Johanna Z., Zürich

Liebe Johanna, unsere Tischmanieren haben sich in den letzten Jahren rasant verändert: Was lange als undenkbar galt (Ellenbogen auf dem Tisch, Unterarm vor dem Teller), ist heute irgendwie okay. Mit vollem Mund zu reden, ist nach wie vor unappetitlich, fällt jedoch in die Kategorie »Ordnungswidrigkeit« und nicht »Kapitalverbrechen« – schlimmer wäre es, wenn er Freunde düpieren würde oder regelmäßig sturzbetrunken wäre. Schätzen Sie sich glücklich, dass Sie es besser gelernt haben, denn eine gute Kinderstube ist keine Eigenleistung. Und seinen Partner vor anderen Menschen zu erziehen, wirft auch nicht gerade ein gutes Licht auf einen selber, besonders, wenn es um Dinge geht, die in der Altersspanne drei bis zwölf hätten geregelt werden müssen. Dies strengt Freunde meist mehr an als Etikettenverstöße. Da es aber ebenso kränkend ist, dass Ihr Mann Ihre Bitten jahrelang ignoriert, sollten Sie das Thema separat klären; ich vermute, dass hier ganz andere Dinge verhandelt werden.

———————

Ungeheurer Alltag

Angeblich sind es ja die großen politischen Leitlinien und die tiefschürfenden Lebensereignisse, die unseren Alltag formen – tatsächlich aber kommen wir begeistert nach Hause, weil wir von einem Kunden gelobt wurden, oder sind aufgebracht, weil sich jemand an der Kasse vorgedrängelt hat. Es sind die kleinen Dinge, die uns berühren, die Abweichungen vom Alltag im Alltag, die das Leben anstrengend und lebenswert zugleich machen. Dabei ist es immer hilfreich, im Hinterkopf zu behalten, dass das, was man selber für selbstverständlich hält, nicht unbedingt von Kollegen, Mitbewohnern, Partnern und Passanten geteilt wird. Doch anstatt die Menschheit zu erziehen und unselige Diskussionen auf dem Radweg anzuzetteln, muss man loslassen und die Fehlerhaftigkeit der Menschheit (so wie die eigene) einfach anerkennen.

Ich spiele gerne Candy Crush auf meinem Handy, um mir Wartezeiten zu verkürzen – ist das wirklich so stillos, wie alle um mich herum tun? David F., Basel

Lieber David, der Wirklichkeit den Rücken zu kehren, hat seinen Reiz: Spielen ist ein menschliches Grundbedürfnis, und immerhin haben eine halbe Milliarde (!) Menschen die Candy-Crush-App heruntergeladen, die meisten davon Erwachsene. So gesehen fallen Sie nicht besonders auf. Doch Ihr Umfeld, ich und Ihr Bauch wissen natürlich, dass Candy Crush ein weniger edler Zeitvertreib ist als etwa Kochen, Sporteln oder, krass, ein Buch lesen. Gut, das muss ja jetzt erst einmal nicht Schlimmes sein, ein bisschen Zeit totschlagen ist ja gut fürs Gemüt. Aber trotzdem sind Computerspiele à la Candy Crush, Farmville und Timberman die Trashcarbs der Freizeitgestaltung, die leeren Kalorien. Sie isolieren uns von unseren Freunden, reizen uns unnötig und wollen dann auch noch unser Geld ergaunern. Warten Sie nicht, bis Sie Rückenprobleme haben, sich gelbe Zitronendrops in Ihre Netzhaut eingebrannt haben oder die Scheidungspapiere auf dem Küchentisch liegen: Löschen Sie das Spiel, jetzt, gleich, hier. Trashspiele machen unglücklich, doof und arm; und ein Mensch mit einem Handybuckel ist ungefähr so attraktiv wie jemand, der in der Nase bohrt.

Ich bin Autorin und demzufolge auch mit vielen anderen Schriftstellern befreundet. Nun bin ich am Aussortieren und frage mich, ob ich die Bücher von ihnen wegwerfen darf, die sie mir mal geschenkt haben. Maria, per Mail

Liebe Maria, es gibt einen Unterschied zwischen einem Buch, das die beste Freundin vor 15 Jahren nach einer tränenreichen Trennung geschrieben hat, und Sachbuch über Selbstwertgefühl, das einem der Kollege vor zehn Jahren im Vorübergehen auf der Buchmesse in die Hand gedrückt hat. Außerdem nimmt ein Buch ja auch nicht allzu viel Platz im Bücherregal ein, darum würde ich hier eine Mischkalkulation vorschlagen. Immerhin besteht ja das gesamte Bücherregal aus einer Kombination aus »hab ich vergessen« und »mag ich besitzen«, unabhängig von der persönlichen Nähe zum Autor. Falls Sie gerade eine Mission haben, Ihre Wohnung von den Sedimenten der Vergangenheit zu befreien, dann möchte ich Sie natürlich nicht aufhalten: Es ist Ihr Zuhause, Sie müssen es nicht mit Dingen teilen, für die Sie sich nicht interessieren. Und sollte der fragliche Schriftsteller zu Ihnen nach Hause kommen und nach seinem Buch suchen, dann hat er ein wesentlich größeres Problem als Ihr Wegwerfverhalten.

———————————

Als kleine Frau werde ich in Warteschlangen oft übersehen, große Businesstypen, die nach mir kommen, werden zuerst bedient. Ich sage dann entweder nichts oder muss mit einem »äh, Sie, sorry, ich war zuerst da ...« auf mich aufmerksam machen, was meist für Irritation sorgt. Gibt es eine elegante Lösung? Simin H., Zürich

Liebe Simin, Sie müssen sich entscheiden, was Sie mehr ärgert – diese Form der Kleinstaggression, oder das Aufsehen, das Ihr Protest erregen wird. Wenn Souveränität für Sie bedeutet, sich nicht über Kleinigkeiten zu erregen und angesichts unangenehmer Menschen Ruhe zu bewahren, dann besteht die mentale Aufgabe darin, die Vorfälle hinzunehmen und sich nicht darüber zu ärgern. Mich jedoch stören Drängler sehr, mir fehlt da die buddhistische Lebensruhe, vermutlich weil ich es für meinen Seelenfrieden wichtiger finde, für meine Interessen einzustehen. Sollten Sie sich also dazu durchringen, Einspruch zu erheben, würde ich Ihnen raten, Ihre Mikrorebellion sportlich zu betrachten. Machen Sie sich mit der Kunst des Neinsagens vertraut. Sagen Sie laut und deutlich zu der Verkäuferin: »Entschuldigen Sie bitte, aber ich war vor dem Herrn da«, das ist völlig akzeptabel. Die negativen Gefühle finden hauptsächlich in Ihrem Kopf statt – und die werden mit der Übung abnehmen. Vermutlich hat der Businessriese noch nicht einmal gemerkt, dass er gedrängelt hat. Und sollte irgendwer – wider Erwarten – die Chuzpe haben, Ihnen zu raten, Sie sollten sich nicht so aufregen, sich nicht anstellen, mal locker bleiben – das ist die Argumentation von Menschen, die selten Ihre Interessen im Blick haben. Eine passende Antwort für diesen Fall: »Was habe ich davon?« Und wenn Sie wieder mit Ihrer Größe hadern: Es hat durchaus auch Vorteile, klein zu sein, Stichwort Economy Class.

Im Sommer aktuell: Wie kann man stilvoll Bremsen bremsen und Mücken zerdrücken? Walter A., Schlieren

Ja, es ist eine Tücke mit der Mücke. Da hat man schon einen Platz im Paradies erobert, sitzt im sommerwarmen Garten oder am Wasser, und schon muss man sich angesichts der Mückengeschwader die Frage stellen, wie viel Tod man jetzt in Kauf nehmen möchte. Ethisch korrekt – und nervenschonender – ist ohnehin die Abschreckung in Form von Lavendelöl, Sprays, Netzen oder Vorhängen. Wenn Sie jedoch wie ich die Mückenbekämpfung als einen Akt der Notwehr sehen und sich gelegentlich im Schlaf eine Ohrfeige verpassen, weil das Surren naht, dann ist ein robustes Mandat in Form einer Fliegenklatsche völlig vertretbar. Die Fliegenklatsche aus Draht von Manufactum (ca. 15 Franken) etwa verspricht, Insekten zu töten, ohne ihre Überreste an der Wand zu zerdrücken; das würde mir sehr gut gefallen, da ich zerquetschte Mückenkadaver in Ferienwohnungen für keinen sehr erhebenden Anblick halte; zudem sind die Wände meiner Gartenwohnung gerade in einem sehr hellen Champagnerton gestrichen. Sollte Sie weniger Bedenken um Ihre Wände haben, dann könnten Sie auch eine Zeitung zur Hilfe nehmen. Der harte Wirtschafts- oder Politikbund sollte gut geeignet sein, Feuilleton und Gesellschaft erscheinen mir zu weich. Und der Stilbund ist gänzlich ungeeignet zum Töten, denn der ist mit Liebe gemacht.

Wir haben einen neuen Nachbarn, der sich viele Rechte herausnimmt und wenig gemeinsame Pflichten übernimmt. Er grüßt kaum und reagiert abweisend auf unsere Kontaktversuche. Wie können wir ihn dazu bewegen, seine Verpflichtungen wahrzunehmen? Claudia W., Luzern

Liebe Claudia, was ist der Mindeststandard für nachbarschaftliches Verhalten? 1. Im Treppenhaus grüßen. 2. Keinen Müll liegen lassen. 3. Keinen unnötigen Lärm. 4. Wenn jemand klingelt und Hilfe oder ein Ei braucht, kriegt er beides. Alles andere – er ist unfreundlich, er möchte keinen Wein mit Ihnen trinken – ist eine Herausforderung an Ihre Nachsicht; bei schlechten Manieren ist es ja meist so, dass man das nicht anderen, sondern sich selbst antut. Wenn der Herr also den Hausfrieden stört, dann sollten Sie ihn das wissen lassen – wir alle wünschen uns, dass uns jemand gesichtswahrend darauf hinweist, wenn etwas schiefgeht. Sie könnten den Mann direkt ansprechen, was den Vorteil hat, dass es für ihn leichter ist, die Kritik zu verarbeiten und sich auch im Haus halbwegs wohl zu führen; es hat allerdings den Nachteil, dass die Peinlichkeitskosten von Ihnen allein getragen werden. Sie könnten sich auch mit den Nachbarn zusammentun und gemeinsam einen Brief aufsetzen; das erhöht die Chance, dass er sein Verhalten ändert und Sie nicht als Gouvernante aus dem zweiten Stock dastehen. Allerdings wird das nicht die Geselligkeit des Herrn erhöhen. Wenn Ihnen das zu umständlich ist und Sie die Sache einfach weiterlaufen lassen möchten, dann kann ich Sie damit trösten, dass die Situation immerhin das Binnenklima des Hauses fördert: Ganze Nationen wurden aus Ärger über den Nachbarn gegründet.

Seit Jahren sehe ich, dass unterschiedliche Menschen ungeniert und mit offenem Mund in der Öffentlichkeit gähnen. Ich habe bereits als Kind gelernt, dabei mit der Hand den Mund zu verdecken – habe ich eine Korrektur im Knigge übersehen? Elisabeth S., ohne Ort

Liebe Elisabeth, ich sage es nur ungern, aber tatsächlich hat eine gewisse Erosion der Tischmanieren stattgefunden, und ich verbuche Ihr Gähnproblem in dieser Rubrik. Bestimmte Höflichkeitsrituale werden nicht mehr so streng gehandhabt wie vor zwanzig Jahren, Sekundärtugenden haben es in unserer freiheitlichen und gewissensorientierten Welt nicht mehr so leicht. Hinzu kommt, dass wir tatsächlich in einer müden Gesellschaft leben: Rund 30 Prozent aller Männer und 40 Prozent aller Frauen in der Schweiz leiden unter Schlafstörungen. Und auch wenn ich kein Fan von gastro-enterologischen Einblicken in der Tram bin, so kann ich mich nicht empören: Permanent müde zu sein ist kein sehr erhebendes Lebensgefühl, da ist Nachsicht und Mitleid angebracht. Und der allgemeine Sittenverfall ist auch nicht so tragisch, den haben schon die Sumerer vor fünftausend Jahren beklagt; was wiederum ein Beweis dafür wäre, dass irgendwo verschwundene Manieren in neuer Gestalt woanders wieder nachwachsen.

Ich begegne auf meinen Spaziergängen immer wieder Hundehaltern mit ihren Hunden. Ich weiß, dass für viele Menschen ihr Hund wie Familie ist. Ist es unhöflich, den

Hund im Gruß auszuschließen, also nicht »Grüezi mitenand«
zu sagen? Peter G., Genf

Lieber Peter, Sie haben recht, für Hundebesitzer ist der
Hund ein Teil der Familie. Trotzdem glaube ich, dass sie
unterscheiden können, ob sie das Tier als Familienmitglied
ansehen oder ob Fremde oder der Staat das ebenfalls tun
sollten. Ich denke, dass nur die wenigsten Hundehalter sich
als symbolische Einheit sehen, die, verbunden mit einer
nabelschnurhaften Leine, zusammen Gassi gehen. Daher
bezweifle ich, dass sie diese Gleichbehandlung von Außenstehenden einfordern. Sie müssen den Hund also keines-
wegs mitgrüßen und können Hundebesitzer ruhig weiterhin
im Singular ansprechen (das gilt übrigens auch für Mütter,
die es ebenfalls sehr schätzen, wenn sie nicht in einer Rude-
lanrede zusammen mit den Kindern angesprochen werden).
Sie könnten aber, wenn es sich ergibt, dem Hund etwas Aufmerksamkeit schenken. Dem ist das wahrscheinlich einerlei
(ebenso, ob er gegrüßt wird oder nicht), doch es wäre eine
Geste dem Besitzer gegenüber, dass Sie sich für ihn und sein
Leben interessieren.

Ich habe eine Bekannte, die sehr viel redet. Da unsere Kinder
befreundet sind, bemühe ich mich um ein distanziertes, aber
gutes Verhältnis. Als sie mich neulich wieder unterbrach, bat
ich sie, mich ausreden zu lassen. Sie wirkte erschrocken und
ich frage mich, ob das unhöflich war, weil ich mit ihr wie mit
einem Kind geredet habe. Julia H., Thun

Liebe Julia, der Satz: »Lass mich bitte ausreden«, bedeutet
übersetzt: »Deine schlechten Manieren nerven, und, das
hast du jetzt davon, ich darf es dir sogar ins Gesicht sagen,
weil ich moralisch im Recht bin.« Natürlich ist das nicht

nett, aber als Aggressionsoutlet ist das schon legitim. Vielleicht sollte man diesen Satz viel häufiger anbringen – natürlich wäre die Welt schöner, wenn man nicht ständig Respekt einfordern müsste, aber es fühlt sich sehr gut an, wenn man es dann mal tut.

»Übernehme Verantwortung für dein Leben", »Werfe nur einen Blick darauf", »Ess das jetzt endlich", »Sprech mir nach" – mir bluten regelmäßig Augen und Ohren. Wann wurde der korrekte Imperativ abgeschafft? Geb mir mal bitte einer Auskunft. Dietrich F., Bern

Lieber Dietrich, ich verstehe Ihren Schmerz. Natürlich sollte jemand, der sich anmaßt, Befehle zu geben, zumindest dazu in der Lage sein, diese korrekt zu formulieren. Immerhin stammt das Wort »Imperativ« von »imperium«, also Herrschaftsgebiet und wie soll man jemanden ernst nehmen, der »Sterbe langsam« für einen Actionfilm mit Bruce Willis hält? Aber Sie und ich, wir sind die Dinosaurier des Sprachuniversums, wir werden aussterben, und nach uns kommt eine Kohorte, die mit Autokorrektur und Tippsel-Chat sozialisiert wurde, in denen ein deutsch-englisches Emoji-Esperanto herrscht. Das ist kein Grund für Schwarzmalerei, sondern normal; ein Reiz der Sprache liegt ja auch in ihrer Wandelbarkeit. Grammatik und Rechtschreibung stehen also nicht mehr so hoch im Kurs wie damals, sie sind von der Primär- zur Sekundärtugend abgestiegen. Heute kriegt man selbst von Anwälten und Grundschullehrern fehlerhafte Anschreiben, es gibt dumme Leute mit perfekter Rechtschreibung und kluge Menschen, denen Tippfehler egal sind. Man sollte also nicht allzu hochmütig werden: Während die einen dazu in der Lage sind, Genitive zu benutzen, sehen sie doch alt aus, wenn es darum geht, ein Backup für den Computer zu erstellen oder das passende Virusprogramm zu installieren – andere Zeiten verlangen andere Kompetenzen.

Suuhr Creme, aufs Tablett bringen, Knocki, Sudschini (= Zucchini) – darf man Leute bei Fehlern verbessern (weil sich einem die Nackenhaare aufstellen) oder ist man dann ein unausstehlicher Besserwisser? Richard N., Schaffhausen

Lieber Richard, Sie haben den entscheidenden Punkt schon angesprochen: den der Besserwisserei. Alle Menschen hassen Besserwisser, so sehr, dass ich schon fast versucht bin, sie in Schutz zu nehmen. Sie sind meist eher von der unsicheren Sorte und ihnen schlägt für ihre meist harmlosen Verbesserungsvorschläge ganz schön viel Häme entgegen. Doch ich möchte Sie ungern als Versuchskaninchen für meine Klugscheißer-Rehabilitierung einsetzen, darum empfehle ich Ihnen das gepflegte Aussitzen jeglicher Patzer. Wie sagt der Pole: Nicht mein Zirkus, nicht meine Affen. Nicht meine Sudschini! Wenn Ihnen Sprache wichtig ist, dann haben Sie eh schon genug Vorteile im Leben und vergessen Sie nicht, dass andere Menschen andere Stärken haben. Alternativ würde ich Ihnen die Kleinkind-Methode ans Herz legen, nämlich das Wort möglichst beiläufig noch einmal in der richtigen Aussprache zu wiederholen – und es dabei zu belassen. Einzige Ausnahme: Es handelt sich um einen Menschen, der Ihnen wirklich nahesteht. Da lohnt es sich, dafür zu sorgen, dass er sich zukünftig etwas weniger blamiert, und als guter Freund nehmen Sie auch das kurzzeitige Abziehen von Sympathiepunkten für den höheren Zweck in Kauf. Und das Wichtigste zuletzt: nie vor Publikum.

Wir waren am Wochenende in einer Ausstellung. Dabei stießen wir auf eine Gruppe, die einer Führerin folgte, die mit angenehmer Stimme sprach. Zum Schluss bedankten sich die Teilnehmer mit lautstarkem, längerem Klatschen. Ist das üblich oder geht das nicht etwas diskreter? Jeanne H., ohne Ort

Liebe Jeanne, Museen haben mittlerweile darauf reagiert, was beim Publikum gut ankommt, darum geht es dort ziemlich ungezogen zu: Audioguides, Würstchenbuden, Events. Und ich kann verstehen, dass Gruppen, die den Blick zu Bildern versperren und doofe Fragen stellen, nerven. Doch letztendlich spricht die große Lernbereitschaft für unsere Gesellschaft, eindeutig ein hoher Wert. Und am Applaus für die Führerin kann ich mich auch nicht stören: Bilder unterhaltsam erklärt zu bekommen ist selber schon eine Kunstform, und ich vermute, dass freie Kunsthistorikerinnen auch nicht so supertoll bezahlt sind. Da tut etwas Wertschätzung doch gut. Der Applaus berührt weder die Würde der Kunstwerke noch erschwert er den Kunstgenuss der anderen Besucher. Wenn ein Museum für Sie ein Ort stiller Meditation ist, dann besuchen Sie es seine halbe Stunde vor der Schließung und versenken sich dort vor Ihrem Lieblingsbild.

Seit einiger Zeit nimmt einer meiner Nachbarn den Einkaufswagen der Migros mit nach Hause und stellt ihn vor der Haustür ab. Da mich dies stört, legte ich einen kleinen Brief in den Briefkasten, worin ich sie bat, dies aus Rücksicht zu vermeiden. Ich erntete Empörung darüber, dass ich mir über so etwas Gedanken mache. Liege ich hier völlig falsch? Alexander S., ohne Ort

Lieber Alexander, natürlich verschandelt ein Einkaufswagen ein Wohngebiet, ganz abgesehen davon, dass es sich um Diebstahl handelt. Und gemäß der Broken-Window-Theorie ist es sogar wichtig, gegen kleinere Verwahrlosungen vorzugehen, bevor ein ganzer Wohnblock den Bach runtergeht. Außerdem sollte es immer möglich sein, seinen Nachbarn zu sagen, wenn etwas schiefläuft. Allerdings ist es bei Beschwerden immer gut, wenn man sie persönlich oder am Telefon anbringt. Schriftsprache fehlt es oft an emotionalen Nuancen, vielleicht fiel die Reaktion deswegen so harsch aus. Doch jetzt müssen Sie entscheiden, wie Sie den Konflikt weiterführen wollen: Möchten Sie den Streit gewinnen und den Einkaufswagen loswerden oder bevorzugen Sie ein gutes Verhältnis zu den Nachbarn, auch mit dem Risiko, dass der Wagen möglicherweise bleibt? Wenn Sie das gut mit Ihrer Magenschleimhaut diskutiert haben, gibt es folgende Möglichkeiten: Sie könnten jetzt die übrigen Nachbarn auf Ihre Seite bringen und mit einem gemeinsam unterschriebenen Brief dafür sorgen, dass das Ding wegkommt. Wenn der Querulant sich immer noch nicht geschlagen gibt, könnten Sie auch jemanden von der Migros informieren, der ihn wieder abholt. Sie könnten aber auch all Ihre Nerven und Ihren Mut zusammennehmen und bei den betreffenden Nachbarn vorbeischauen. Sagen Sie, dass Sie sie mit dem Brief nicht auf dem falschen Fuß erwischen wollten und gerne noch einmal persönlich reden wollen. Seien Sie nett (ja, nicht leicht), erzählen Sie, wie wichtig Ihnen Ihre Nachbarschaft ist und dass Sie den Einkaufswagen als Objekt einfach störend finden. Sagen Sie ehrlich, dass Ihnen Ihr Zuhause am Herzen liegt und dass es einfach mies aussieht. Bonne Chance!

Eine Freundin von mir weigert sich, größere Anschaffungen zu unternehmen, weil sie sagt, Merkur sei rückläufig. Wie reagiere ich stilvoll, wenn ich doch gar nichts mit Esoterik und Astrologie anfangen kann? Ulrich F., Bern

Lieber Ulrich, ich kann Ihre Agonie nachvollziehen, denn Gespräche mit Esoterikern (Sternzeichen, Homöopathie, die Reptilienherrschaft) und ihren Gegnern sind ungefähr so sinnreich wie Unterhaltungen zwischen Nüchternen und Betrunkenen. Um gegenseitiges Augenrollen zu vermeiden, halte ich es für sinnvoll, den desaströsen Merkureinfluss auf iPad und Ex-Freund lieber mit Gleichgesonnenen zu diskutieren. Empfehlen Sie der Freundin einen Erfahrungsaustausch auf Twitter, unter #mercuryretrograde wird sie genug Leidensgenossinnen finden, die sich über finanzielle Krisen, misslungene Umzüge und das verschwundene Ladekabel austauschen (besonders der Technikaspekt spielt eine große Rolle). Für Sie hingegen heißt es, freundlich bleiben: Die Sehnsucht nach Spiritualität und einer höheren Bestimmung ist sehr menschlich, und wie bei echten religiösen Gefühlen sollten Sie diese als Privatsache respektieren; Einschreiten lohnt sich nur in Ausnahmefällen, nämlich wenn die Gesundheit gefährdet ist oder ernsthafte finanzielle oder soziale Probleme entstehen. Der nächste Merkur-Termin ist übrigens der 3. 12. bis zum 24. 12. – die Zeit, in der wir geschmückte Bäume im Wohnzimmer aufstellen und uns vom Weihnachtsmann erzählen.

Es ist üblich, Freundinnen und gute Bekannte mit drei Küsschen auf die Wange zu begrüßen. Doch wie sind die Regeln? Immer, wenn man sich sieht? Bei Begrüßung und Verabschiedung? Nur draußen oder auch, wenn man sich in einem

Lieber Martin, Sie merken schon: Die filigranen Regeln für den Dreierkuss fordern das menschliche Gehirn zu Hochleistungen heraus. Ist die Zielperson eine Frau oder ein Mann? Ist dies die Vorstandsvorsitzende meiner Firma oder haben wir vorletztes Wochenende gemeinsam den Kindergarten gestrichen? Hatten wir schon mal Sex? Sind wir verwandt? Wie habe ich die Person daneben begrüßt? Ach, die Anzahl der Faktoren Pro/Kontra-Kuss sind unendlich. Da der Dreierkuss die Signature-Begrüßung der Schweizer ist, möchten wir sie mit ein paar Leitplanken unterstützen: nur Menschen küssen, die man kennt. Die eine Bekannte zu küssen, die andere nicht, ist ein Affront. Nicht ins Ohr hauchen, nicht schmatzen, halten Sie es leicht, das Luftgebäck heißt nicht umsonst Baiser. Rechts-links-rechts. Drinnen oder draußen ist egal. Man kann sowohl zur Begrüßung als auch zum Abschied küssen. Wem das zu kompliziert ist: Niemand muss küssen. Niemand muss geküsst werden. Und alle anderen finden die Situation genauso sonderbar wie Sie.

Ich habe von meiner Freundin eine Lampe aus Himalaja-Salz bekommen, angeblich weil es Mineralien enthält, die mein Körper sonst vermisst. Da mich weder das Konzept noch die Ästhetik überzeugt, frage ich mich, wie ich mich stilvoll aus der Affäre ziehen kann. Jennifer F., Biel

Liebe Jennifer, ich würde pragmatisch vorgehen und überlegen, mit welcher Wahrscheinlichkeit nach Verbleib und Wirkmacht der Lampe gefragt wird. Sollte sich Ihre Freundin nicht dafür interessieren, dann lassen Sie das Geschenk bei der nächsten Gelegenheit (Flohmarkt, eBay, Second-hand-Laden, interessierte Freunde) in den Strom der umherzirkulierenden Geschenke einfließen, irgendwann wird die Lampe jemanden finden, der sie gerne ansieht (das rötlich-warme Licht kommt ja Kinderzimmern sehr entgegen). Da Ihre Freundin die Gabe jedoch mit einem Gedanken verbindet, würde ich einen anderen Weg empfehlen. Denn dezentes Entsorgen hilft ja nichts, wenn sie alle drei Tage in der Wohnung steht und nach der Lampe fragt. Seien Sie also offen und sagen Sie ihr, dass Sie das Ding nicht aufstellen werden – dass das Geschenk lieb gemeint ist, aber eben nicht zu Ihrem Einrichtungsstil passt. Dann geben Sie ihr die Lampe zurück. Und wenn Sie es ganz besonders gut meinen, dann können Sie ja gemeinsam auf eine Salzgrotten-Atemwellness gehen. Wenn Sie sich diese Form von Konfrontation nicht zutrauen (mit Esoterikern zu argumentieren ist bekanntlich ermüdend), gibt es als Standort immer noch den Gnadenhof Gästetoilette.

Ich bin oft im Gespräch am Schalter, da wird mein Anliegen von einem Telefon unterbrochen. Dann gibt mein Gesprächspartner dem Anrufer den Vortritt, ganz so, als würde ich plötzlich verschwinden. Was sind das für Manieren? Peter G., Binz

Lieber Peter, ich verstehe Ihre Empörung, aber dies ist weniger ein Fehler des Angestellten, sondern einer der Firma, die eine Person zwei Jobs erledigen lässt. Von größeren Unternehmen kann man durchaus erwarten, dass sie sich anders organisieren, etwa mit einer Warteschleife oder einer Telefonzentrale. In einer kleinen Arztpraxis, in der eine Frau den ganzen Betrieb am Laufen hält, kann man auch mal drei Mi-

nuten aushalten, während ein Termin ausgemacht wird. Was
wäre denn die Alternative? Ein Telefon klingeln zu lassen,
führt nicht nur dazu, dass eine Kundenanfrage in den Müll-
eimer wandert, sondern auch dazu, dass das Geklingel die
Anwesenden in den Wahnsinn treibt. Würde eine Sprech-
stundenhilfe das Telefon abnehmen und die Nummer für
einen Rückruf notieren, vergeht im Zweifelfall genau so viel
Zeit wie bei der konkreten Lösung des Problems. Denken
Sie daran, dass der Mensch hinter dem Tresen das nicht tut,
weil er das Telefonat interessanter findet als Sie (das ist ja im
Privatleben oft anders), sondern um allen Kunden gerecht
zu werden. Und trösten Sie sich: Das Phänomen hat zwei
Seiten – wenn Sie irgendwo anrufen und niemand dran-
geht, dann fänden Sie das auch unerfreulich. Nur manchmal, wenn Klaus-Peter wegen des gemeinsamen Kantinen-
besuchs anruft, unterbreche ich das Gespräch und frage, ob
man lieber telefonieren oder mit mir sprechen möchte.

Ich habe kein Auto und von der Migros nach Hause ist es
nicht weit. Doch da ich nur ein Mal pro Woche einkaufen
gehe, wird es dann doch zu schwer. Nun habe ich mich an
Omas Einkaufswägelchen erinnert und ein neutrales und
schwarzes Modell gefunden. Blamiere ich mich und gibt es
eine etwas weniger peinliche Variante? Simin H. , Zürich

Liebe Simin, erst einmal herzlichen Glückwunsch zum Or-
ganisationsvermögen und dem Verzicht auf Plastiktüten.
Allerdings habe ich ein Problem mit Trolleys, nicht wegen
der mangelnden Eleganz, sondern damit, dass diese meiner
Meinung nach zu einem übermäßigen Einkaufsverhalten
verführen. Zudem müssen sie mit sehr viel Bedacht bepackt
werden, damit die Himbeeren nicht zerquetscht werden.

Und, nein, natürlich sehen sie nicht besonders aus, etwas aus geflochtenem Korb wäre stilvoller, allerdings muss man auch nicht jede Alltagssituation auf den Altar der Konsumkultur legen. Es ist nicht nötig, in jeder Lebenslage bella figura zu machen, beim Putzen etwa, im Gym, oder eben auf dem Rückweg vom Supermarkt. Allzu hohe Erwartungen an lebensverändernde Begegnungen auf dem Rückweg von der Migros sind sowieso unrealistisch. Meistens verlässt man einen Supermarkt mit einem maximalen Level an Menschenhass, was für die Flirtaura nicht gerade förderlich ist. Falls dies Ihr Ziel sein sollte, würde ich für eine Aufsplittung Ihrer Einkäufe plädieren, denn auf dem Markt und beim Käsehändler ist die Flirtwahrscheinlichkeit wiederum höher.

An der Kasse scheint es mittlerweile normal zu sein, dass Menschen mit einem oder zwei Artikeln fragen, ob sie vorgelassen werden können. Mich nervt das, weil ich mich unter Druck gesetzt fühle. Aber bin ich der Einzige, der das stillos findet? Billy F., via Facebook

Lieber Billy, ich mag das Vordrängeln an Kassen auch nicht, vor allem, weil ich meist denke, dass die betreffende Person kein Zeitproblem hätte, wenn sie nicht für zwei Sachen in den Supermarkt gehen würde. Außerdem hat sich das System des Schlangestehens doch bewährt? Aber gut, vielleicht bin ich da etwas streng. Es gibt auf jeden Fall keinen Anspruch darauf, an der Kasse vorgelassen zu werden, wohl aber das Recht darauf, höflich danach zu fragen. Man darf ruhig verneinen, sollte dies aber möglichst freundlich tun, eine Erklärung à la »Ich habe es leider auch eilig« entstresst die restliche Wartezeit. Aber Sie und ich, wir könnten ja eine mentale Übung wagen und die nächste Person freiwillig vorlassen: Es ist ein Zeichen von Zivilisation, nicht jedes Recht in Anspruch zu nehmen, das einem zusteht.

———————

Mich stört, wenn Menschen in der Früchte- und Gemüseabteilung die Produkte berühren, um den Reifegrad zu prüfen; neulich sah ich eine Frau, die sogar die Butterzöpfe aus dem Regal zog, um daran herumzudrücken. Doch als ich sie darauf ansprach, reagiert sie ungehalten. Bin ich zu heikel? Stefan Z., via Facebook

Lieber Stefan, makellos schön, aber ohne Geschmack – das Supermarktobst ist der Kardashian-Clan des Supermarkt-Angebots. In seelenloser Perfektion ruhen Tomaten und Pfirsiche in ihren Kisten, und da man niemanden um Rat fragen kann, bleibt dem Kunden ja gar nichts anderes übrig, als sanft zu ertasten, was es mit den inneren Werten auf sich hat. Dies ist auch rein rechtlich übrigens erlaubt (anders, als die Weintrauben zu probieren). Hinzu kommt, dass Obst und Gemüse abwaschbar sind, und das sollten Sie ohnehin tun, Stichwort Güllekeime. Und was die Bakterien angeht, so wohnen die meisten am Griff des Einkaufswagens, oder, gruselgrusel, auf Ihrem Handy. Sollte Sie sich immer noch vor den Tastern ekeln, dann kaufen Sie eben das eingeschweißte Zeug. Umweltschonender – und leckerer ist allerdings ein Besuch auf dem Wochenmarkt, denn dort wird allein deshalb weniger herumgegrapscht, weil das Fachpersonal Fragen beantwortet. Was Backwaren angeht, da gibt es Plastikhandschuhe, um genau jenen Kontakt zu vermeiden. Und was Ihre letzte Frage betrifft: Man kann Erwachsene gar nicht maßregeln, ohne sie gegen sich aufzubringen. Das heißt aber nicht, dass ein höflicher Hinweis sich nicht lohnt: Vielleicht stellt er oder sie ja im stillen Kämmerlein das eigene Verhalten doch infrage.

Meine Nachbarin ist einerseits luxuslabelsüchtig, anderseits immer pleite. Nun ist sie dazu übergegangen, ihre Garderobe (oft mit kleinen Macken) in klammen Zeiten zu Schleuderpreisen an mich zu verkaufen. Nutze ich ihre Not aus? Frieda F., Zürich

Liebe Frieda, schön für Sie, dass Sie einen Weg gefunden haben, auf günstige Weise zu teurer Kleidung zu gelangen; ein sehr Ressourcen schonender Weg, um zu einem modischen Outfit zu kommen. Ich sehe auch kein Problem darin, dass Sie die Kleidung Ihrer Nachbarin kaufen: Labels mit Gebrauchsspuren erzielen bei eBay oder bei vergleichbaren Portalen ohnehin nur geringe Preise (falls sie überhaupt die Qualitätskontrolle bestehen). Zum anderen sind Sie auch nicht für die dysfunktionale Shoppingstrategie Ihrer Nachbarin verantwortlich. Einer guten Freundin würde ich schon ins Gewissen reden, wenn sie sich für Luxusmode in finanzielle Schwierigkeiten bringt – der Kontostand Ihrer Bekannten geht Sie nichts an. Vermutlich ist sie sogar froh, dass sie die Kleidung bei Ihnen loswird – Dinge für wenig Geld im Internet zu verkaufen, ist zwar möglich, aber nervtötend, wie jeder weiß, der schon mal versucht hat, etwas auf eBay-Kleinanzeigen loszuwerden.

Ich arbeite von zu Hause aus und bin somit die erste Anlaufstelle für die Pakete unserer Nachbarn. Der DHL-Bote ist dazu übergegangen, alle Pakete für das ganze Haus bei mir abzuladen, die dann im Weg herumstehen oder genau dann

214

abgeholt werden, wenn ich aus der Dusche komme. Kann ich die Annahme verweigern? Tomaso F., Zürich

Lieber Tomaso, ja, können Sie. Für Sie mag es zwar nur eine kleinere Unbequemlichkeit sein, mit der Sie Ihren Nachbarn die Tortur ersparen, am Samstagvormittag zur Post zu fahren; aber wenn Hilfsbereitschaft immer nur in eine Richtung geht, dann darf man das auch sanft einschlafen lassen. Und das Beste: Keiner wird Ihnen einen Vorwurf machen, es ist ja ohnehin niemand zu Hause. Ohnehin bin ich der Auffassung, dass unsere aktuelle Bestellpolitik, die per Mausklick das Kastensystem eingeführt hat, dringend auf den Prüfstand gehört. Wenn Sie da nicht mitmachen, dann ist das ein Schritt in die richtige Richtung; jetzt müssen sich nur noch die Lieferanten organisieren und eine anständige Bezahlung einfordern. Und, schwupps, wird das an die Verbraucher weitergegeben und das übermäßige Bestellen findet ein natürliches Ende.

———————

Sport, Velo und Wellness

Kein Freizeitbereich wurde in den letzten Jahren so aufgewertet wie der Sport – bereits Kindergartenkinder gehen zum Ballett, Kampfsport und Yoga, kaum eine Schule, die keine Nachmittagskurse für Kinder anbietet. Und für Erwachsene ist der trainierte Körper nicht nur ein Schutzschild vor altersbedingten Leiden, sondern gleich ein Statussymbol. Denn Sport ist die Antwort auf die Ansprüche des Zeitgeists – man wirkt jünger, gesünder, stärker, schlanker, sexyer: Training ist Selbstoptimierung in Reinform, mit einem guten Körper kann man in den sozialen Netzwerken nicht nur Anerkennung, sondern auch Geld verdienen. Doch bei all dieser Körperarbeit stellen sich Fragen: Gerade wegen der offensiven Körperlichkeit sind Gespräche unter Fremden, Flirts oder gar Gewichtskommentare ungern gesehen. Die vermeintliche Nähe, die sich dadurch ergibt, dass alle im Yogakurs gleichzeitig den Po in die Luft strecken, darf nicht mit dem Wunsch nach neuen Freunden gleichgesetzt werden. Die neue Körperlichkeit, die manchmal seltsamen Blüten der Wellnessindustrie, sie alle verlangen einen neuen Code, mit dem die unterschiedlichen Ebenen der Intimität gehandhabt werden. Denn wenn auf der Yogamatte nebenan geschnarcht wird, dann darf man die eigene kaum verlassen, um den Störenfried zu wecken: Loslassen, genau das ist ja das Ziel der verschiedenen Übungen.

Ich überlege, mit Yoga anzufangen, doch stellen sich mir zwei Fragen: Ist das überhaupt ein Sport für Männer und wenn ja – was ziehe ich denn dazu an? John L., Bern

Lieber John, Männer sollen dies nicht, Frauen jenes nicht – ach ja, die Welt ist kompliziert. Aber was Yoga angeht, da bin ich mir sicher: Das ist für absolut jeden. Für die lange Liste der Vorteile fehlt hier der Platz, doch ein paar Argumente für Männer-Yoga müssen sein. Erstens wurde Yoga ursprünglich ohnehin nur von Männern praktiziert, zweitens ist Yoga als Ergänzung zu anderen, vermeintlich »männlichen« Sportarten wie Boxen, Krafttraining oder Fußball, hervorragend geeignet. Und wenn Yoga wirklich eine Domäne der veganen Radfahrer wäre, dann wäre das Training auch nicht bei den harten Kerlen in den amerikanischen Gefängnissen so beliebt. Ignorieren Sie Räucherstäbchen, Rumi-Zitate und Yoga-Fashion, Sie brauchen weder eine enge Hose noch ein Shirt mit »Mindfulness«-Aufdruck; eine kurze Hose, T-Shirt und eventuell Pullover und Socken reichen, und dann ab auf die Matte.

———————

Ich fahre in Zukunft meine Fünf-Kilometer-Strecke mit dem Fahrrad zur Arbeit. Gibt es so etwas wie einen Fahrradhelm mit Stil? Melanie F., Zürich

Liebe Melanie, wunderbar, dass Sie mit dem Fahrrad zur Arbeit fahren können. Die Vorteile des Radfahrens sind bekannt, sie aufzulisten würde die Kolumne sprengen. Widmen wir uns also dem einzigen Nachteil: dem Helm. Während der Vespa- und sogar der Ski-Helm eine unerwartete Karriere als erträgliches Accessoire hingelegt hat, hat der Fahrradhelm das gleiche Image wie vor zehn Jahren: Er ruiniert einfach alles. Die Frisur, das Outfit, das Gefühl von Freiheit und den Glauben daran, dass die Menschheit einem nicht eine Autotür ins Gesicht knallen wird. Darf pure Vernunft in diesem Fall also siegen? Ich würde sagen: Ja, okay, her mit dem Helm. Lassen Sie uns ästhetische Bedenken über Bord werfen und nach dem Prinzip der Schadensbegrenzung handeln: Welcher Helm ist am wenigsten furchtbar? Ein mattes schwarzes Modell, etwas Metallicfarbenes, etwas mit möglichst wenig Luftschlitzen? Mir gefällt das goldfarbene Modell von Thousand Helmets, Sie könnten aber auch den sauteuren Hövding kaufen, einen mobilen Airbag, den man sich dezent um den Hals legt. Das habe ich gemacht, die Freude währte eine knappe Woche. Dann habe ich mich ein Mal ungeschickt bewegt und – rumms – explodierte der Airbag mitten auf der Kreuzung; 300 Franken im Eimer. Dafür bin ich wohl nicht die Zielgruppe, aber vielleicht haben Sie etwas mehr Geistesgegenwart.

In meinem Gym bin ich in einem Kurs mit einem gut aussehenden Mann, dem es nun gelungen ist, seinen Rettungsring loszuwerden. Wir plaudern manchmal (eher selten) – darf ich ihm ein Kompliment für seinen Gewichtsverlust machen? Leonie F., Affoltern

Liebe Leonie, auf den ersten Blick wirkt »Oh, hast Du abgenommen?« wie ein harmloses Kompliment – schließlich haben wir die letzten fünfzig Jahre gelernt, dass dünn und schön einander bedingen. Doch dass Sie mir diese Frage stellen, zeigt ja, dass irgendetwas an diesem Satz nicht ganz geheuer ist. Denn zum einen haben wir uns ja halbwegs darauf geeinigt, dass zusammenhangloses Kommentieren von Körpern nervt – redet er mit Ihnen über seine Diät, nur zu.

Doch außerhalb jeglichen Kontextes ist dieses Kompliment nur ein Zeichen dafür, dass man mit seinem Gewicht ständig unter Beobachtung steht: »Du bist aber schön schlank geworden«, ist die nette Schwester des Bodyshamings, von dem wir alle genug haben. Außerdem weiß man auch nie, ob jemand absichtlich abgenommen hat oder vielleicht sogar krank ist; schlimmstenfalls kann die Herumkommentiererei dazu führen, dass Menschen sich in eine Gewichtscrazyness hineinsteigern, die ihr ganzes Leben beeinträchtigt. Wenn es Ihnen darum geht, dem Herrn etwas Nettes zu sagen, dann sagen Sie ihm einfach, dass er gut aussieht. Sollte Ihnen dieses Kompliment beliebig, ranschmeißerisch und distanzlos vorkommen, dann wissen Sie, dass die Sache mit dem »Oh, hast du abgenommen?« nach hinten losgeht.

Ich bin länger auf der Suche nach einem stilvollen Fahrrad-kindersitz. Leider fand ich bisher nur sehr hässliche Plastik-modelle. Gibt es da nichts Stilvolles für den Gepäckträger? Chantal B., Zürich

Liebe Chantal, ich verstehe Ihren Wunsch, mit den Kindern nicht alle ästhetischen Ansprüche flöten gehen zu lassen. Der totale Pragmatismus darf niemals siegen! Allerdings darf man es dabei auch nicht übertreiben, sonst landet man schnell beim Designer-Opossum und das Kind wird später verrückt.

Mein erstes Kind saß eine Weile vorne, ich konnte ihm beim Radeln ein Liedchen ins Ohr summen. Doch irgend-wann wurde mir die Sache zu gefährlich, denn bei jeder Kindsbewegung kamen wir ganz schön ins Schwanken. Die meisten Rücksitze verbreiten in der Tat einen ziemlich or-thopädischen Charme, monströses Plastik mit vielen Gurten sieht leider selten gut aus. Der Caress von Hamax allerdings wirkt so, als ob die Entwickler länger als zehn Sekunden über das Design nachgedacht hätten, sie kosten um die 140 Euro; die Olive-and-Orange-Linie des gleichen Herstellers hat eine ganze Kinderlebenswelt zusammengestellt, darunter auch einen erträglichen Kindersitz. Wenn Ihnen das zu albern ist, dann kaufen Sie den ewigen Testsieger, den soliden Römer Jockey und organisieren sich bei Dawanda.com einen hübschen Bezug. Maximale Sicherheit, dazu ein paar selbst gewählte Sternchen, das sollte reichen. Viel wichtiger ist doch, die Wohnung nicht vollständig verkindern zu lassen. Die Gefahr ist nicht der unschöne Kindersitz, sondern das Tipi im Wohnzimmer.

Ein Freund besucht mich am liebsten mit dem Rennrad. Nach einer Wegstrecke von 30 Kilometern steckt er bei der Ankunft in derart verschwitzten Funktionsklamotten, dass es mich allein schon vor dem Begrüßungsküsschen graut. Darf ich ihn bitten, damit zu warten, bis er geduscht hat? Mon P., ohne Ort

Liebe Mon, einst schrieb Oscar Wilde: »Von allen hässlichen Dingen sind künstliche Blumen das hässlichste.« Damals gab es allerdings noch keine Funktionskleidung für Radfahrer. Auch ich finde den Anblick von Wochenendsportlern in hautengen, ausgepolsterten Polyesterhosen in Kombination mit Knurpselschuhen verstörend. Beim Radfahren mag das notwendig sein, aber sobald der Radler mit den Füßen die Erde berührt, gehört er wieder zur Zivilgesellschaft; hier ist es eine Frage des Respekts, andere nicht nicht mit Körperflüssigkeiten und erdölbasierten Sportutensilien zu belästigen. Also, ab unter die Dusche, das können Sie Ihrem

Freund ruhig abverlangen. Der Mensch ist keine PET-Flasche und in der Hölle ist ein Ort für Freunde reserviert, die andere in ihrer Sportkleidung umarmen.

Jede Woche genieße ich eine Yogastunde. Doch wie soll ich reagieren, wenn während der Entspannungsphase meine Yoganachbarin tief und entspannt schnarcht? Susanna R., per Facebook

Liebe Susanna, Schlaf ist zu einem Luxusgut geworden und gerade Frauen tendieren dazu, ein unschönes Defizit mit sich herumzuschleppen. Zudem glaube ich fest daran, dass die Welt ein besserer Ort wäre, wenn wir alle ausgeschlafen wären, darum kann ich mich nicht über ein Sawasana-Nickerchen empören. Im Gegenteil, es geht ja nichts über einen wohlverdienten Powernap! Und was peinliche Körpergeräusche angeht, da stellt Yoga einen vor ganz andere Herausforderungen, darum haben erfahrene Yogalehrerinnen einen Soundtrack dabei, der allfälliges Gepupse sanft übertönt. Ohnehin ist es allein deren Aufgabe, irritierende Schnappschnarcherinnen sanft ins Diesseits zurückzubefördern, Sie müssen also gar nichts tun. Ich würde sogar sagen, dass es als übergriffig und gegen jeden Yogi-Geist wäre, in das Geschehen auf der Nachbarmatte einzugreifen, einzige Ausnahme: Es ist Ihre beste Freundin, die darf man anstupsen. Sehen Sie es als Herausforderung, das Geschnurchel zu ignorieren, die Kunst des Loslassens muss eben gelernt werden – oder, wie meine erste Yogalehrerin es vor Ewigkeiten formulierte: »Dein Gehiiirrrrn ist gaaaanz entspaaaannt.«

Über die Autorin

Henriette Kuhrt, geboren 1977, besuchte ein humanistisches Gymnasium in Hamburg und ein Mädcheninternat in England. Sie studierte Journalistik, Politik und Soziologie in München und Salamanca und besuchte die Deutsche Journalistenschule. Sie arbeitete als Redakteurin bei der *Bunten*, wechselte dann jedoch als Autorin zur *Neuen Zürcher Zeitung am Sonntag*. Seit 2013 ist sie dort Kolumnistin im Stilbund und hält Vorträge über Stil und Lebensart. Henriette Kuhrt lebt mit ihrer Familie in München. Mehr Infos unter: *www.henriettekuhrt.com*

Frauen mit Stil –
Stilikonen der Frauenmode

JOSH SIMS, 208 SEITEN, PAPERBACK, EURO 34.90
ISBN 978-3-907100-53-0 (MIDAS COLLECTION)

Vom Bleistiftrock zum Bikini, vom Hosenanzug zu den Hotpants oder vom Stiletto zum Cowboy-Stiefel. Fast immer gibt es ein »erstes Mal«, also den Zeitpunkt, zu dem ein Kleidungsstück der Damenmode seinen Einstand gab. *Frauen mit Stil* untersucht die berühmtesten und einflussreichsten Kleider der Damengarderobe und lüftet die spannenden Geheimnisse ihrer Herkunft, Marken und Designs. Dabei wird die Entstehung und Entwicklung der bedeutendsten Kleidungsstücke unter die Lupe genommen und mit z.T. unveröffentlichten Archivfotos illustriert. Leseprobe unter: *www.frauenmitstil.com*

Die Sprache der Schuhe – Eine
kleine Philosophie des Schuhwerks

FRANK BERZBACH , 128 SEITEN, LEINEN, EURO 17.90
ISBN 978-3-03876-118-1 (MIDAS COLLECTION)

Schuhe tragen uns durchs Leben und sind ein wichtiger Teil unserer Kleidung. In diesem Buch geht es um Schuhe, die Kultstatus erreicht haben und auf eine Epoche, eine politische Richtung, auf Musikstile oder Filmcharaktere anspielen. Hier geht es um die Sprache der Schuhe, um die Lebensphilosophie, die hinter den Modellen liegt.

Accidental Icon –
Stil ist keine Frage des Alters

IRIS APFEL, 176 SEITEN, HARDCOVER, EURO 25.00

ISBN 978-3-03876-146-4 (MIDAS COLLECTION)

Iris Apfel gilt mit 97 Jahren als eine lebende Legende in Mode, Textil- und Interior-Design. Die überaus praktisch veranlagte und gewitzte New Yorkerin ist ein echtes Original und Vorbild für Millionen Frauen jeder Altersklasse. Jetzt hat sie ihre Betrachtungen zu Papier gebracht – in einem unterhaltsamen und auch optisch fesselndem Buch.

»Iris Apfel macht deutlich, dass Kreatitivät und die Liebe zum eigenen Tun alterlos sind. Ein Vorbild für Jung und Alt.« (People Magazine), Leseprobe unter: www.bit.ly/Iris_Leseprobe

Berlin Street Style –
Mode und Menschen in Berlin

BJÖRN AKSTINAT , 240 SEITEN, HARDCOVER, EURO 25.00

ISBN 978-3-03876-129-7 (MIDAS COLLECTION)

Björn Akstinat ist der Fotograf der Berliner Straßenmode. Er fotografiert keine Marken und keine Models, sondern echte Berlinerinnen und Berliner in ihrer Alltagskleidung und stellt diese mit interessanten Kurzportraits vor – wie es sich für eine Stadt mit internationalem Flair gehört, natürlich auf Deutsch und Englisch.

»Diese Fotos zeigen den wahren Stil Berlins!« (Die WELT)